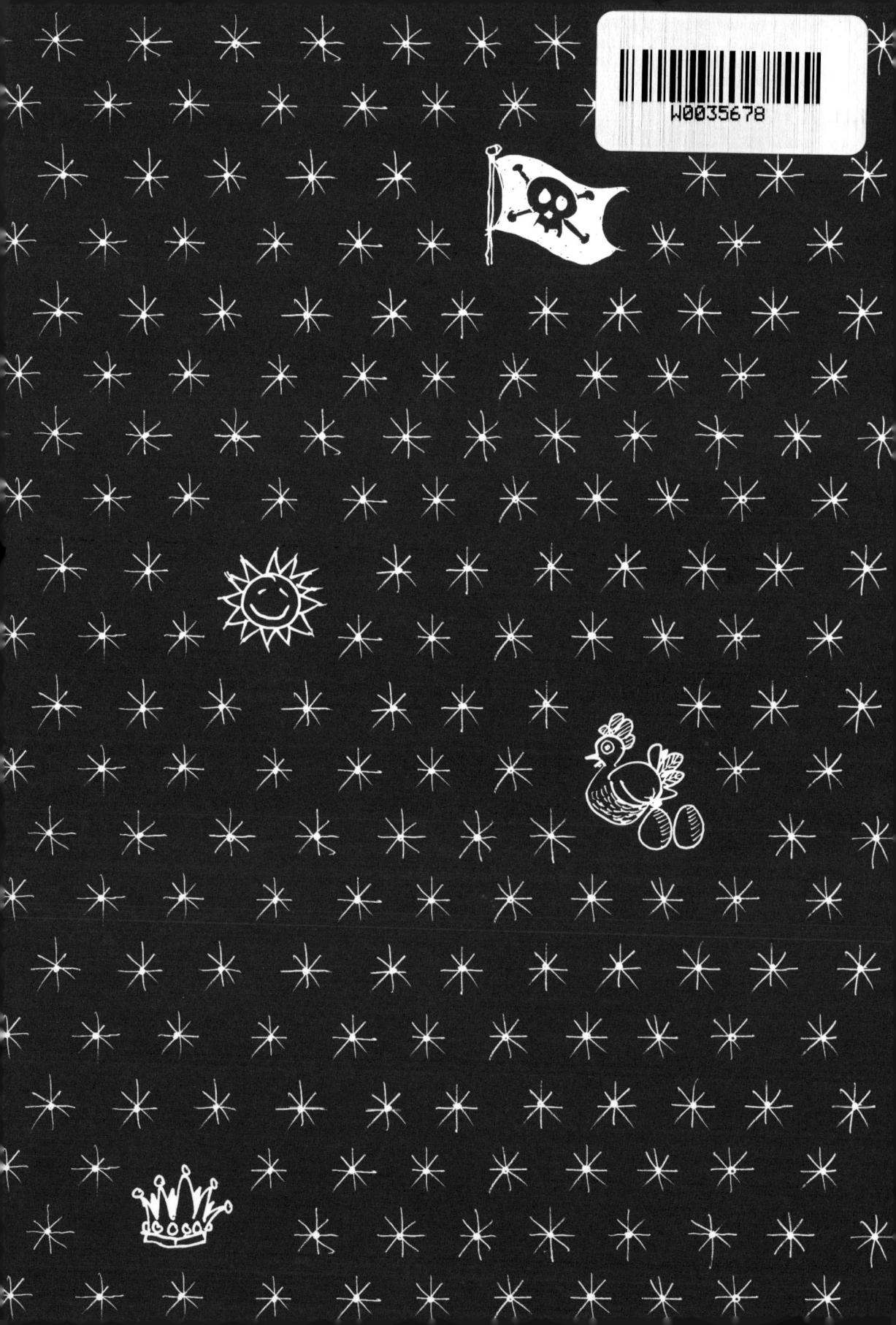

GUTE NACHT GESCHICHTEN

erzählt von Lesern unserer Zeitung

VORWORT

Liebe Vorleserinnen und Vorleser,
liebe Kinder,

„Erzählst du mir noch eine Geschichte?" – das ist wohl eine der meistgestellten Fragen in Kinderzimmern. Was gibt es auch Schöneres, als vor dem Einschlafen eine Gute-Nacht-Geschichte zu hören? Rituale und Vorlesen sind wichtig für die Entwicklung von Kindern – das ist längst erwiesen. Viele Eltern und Großeltern denken sich am Bettrand abends Geschichten aus, die nur wenige Ohren zu hören bekommen. Das ändert sich nun mit diesem Buch: Nach einem Aufruf auf der Kinderseite Capito haben sich Leserinnen und Leser unserer Zeitung dazu entschlossen, die Lieblings-Gute-Nacht-Geschichten ihrer Kinder und Enkel erstmals zu veröffentlichen. Einige dieser Erzählungen wurden schon von Generation zu Generation weitergegeben, andere sind ganz neu erfunden, alle sind einzigartig und mit viel Liebe entstanden. 63 dieser Gute-Nacht-Geschichten stehen in diesem Buch. Wir wünschen viel Spaß mit mutigen Rittern, neugierigen Mistkäfern, frechen Sternenkindern, netten Gespenstern, guten Hexen und vielem mehr. Und vor allem wünschen wir eine gute Nacht.

Ihre Lea Thies,
Capito-Redaktion, Augsburger Allgemeine

INHALT

HIMMLISCHES

MÄRCHENHAFTES

TIERISCHES

ABENTEUERLICHES

9

FANTASTISCHES

SPANNENDES

HIMMLISCHES

Thea Halder aus Buxheim an der Iller

DIE GESCHICHTE VON DEN STERNENKINDERN

Am Abend, wenn die Sonne ins Bett gegangen ist, dann wird es überall dunkel. Im Zimmer wird es dunkel und die Mama muss das Licht anknipsen. Draußen wird es dunkel, und die Straßenlampen gehen an. Auch an den Fahrrädern und den Autos wird das Licht angeschalten. So ist es bei uns auf der Erde. Und an dem weiten, dunklen Himmel, wer zündet denn da die Sternenlaternen an? Willst du das wissen?

Also, das ist so: Am Himmel dort droben gibt es eine Menge Sternenkinder. Und die Sternenkinder, die schlafen den ganzen lieben langen Tag. Sie kuscheln sich einfach in eine weiche Wolke hinein und schlafen, schlafen, bis zum Abend. Aber wenn die Frau Sonne müde ist und ins Bett geht, dann werden die Sternenkinder munter. Zuerst wacht das größte auf. Es krabbelt aus dem Wolkenbett. Dann sieht es, aha, sein Brüderchen neben ihm schläft noch. Zack, zieht es ihm die Bettdecke weg und, wupp, schmeißt es mit einem Kopfkissen herum. Natürlich wachen jetzt noch mehr Sternenkinder auf. Jetzt wird es lustig! Sie kugeln in den Wolken herum und machen ein Geschrei und Gequietsche. Eines zieht ein anderes am Nachthemd. Eines fällt in eine Wolke, dass nur noch die Füße herausschauen. Das ist ein Durcheinander und ein Lärm. Und eine Wolke haben sie dabei auch noch auseinandergerissen.

Ein Sternenkind, das treibt es ganz besonders um. Es heißt Peterle. Es hat einen Freund, der heißt Pauli. Die zwei hopsen herum wie wild, und wie der Peterle drei Purzelbäume hintereinander macht, da fällt er von seinem Wolkenbett herunter und fällt und fällt – und fällt genau dem lieben, guten, alten Großvater Mond auf die Nase. Oh, da ist aber der Großvater Mond erschrocken, er hat ja noch soooo gut in einem weichen Wolkenbett geschlafen. Aber jetzt kommt er heraus und brummt: „Wer ist der freche Sternenbub, der mir auf die Nase gehupft ist? Und überhaupt, was ist das heute wieder für ein Geschrei und für ein Gewumsel! Wisst ihr nicht, was Sternenkinder tun sollen? Sternenkinder müssen am Himmel leuchten und funkeln, wenn es dunkel wird. Holt sofort eure Laternen!" Uiuiui, da hören die Sternenkinder schnell mit dem Lackeln und Raufen auf und suchen ihre Laternen. Und weil sie so mit den Kissen herumgeschmissen haben, ist so eine Unordnung, dass sie lange suchen müssen.

Und so geht das jeden Tag! Wer seine Laterne zuerst findet, zündet sie zuerst an. Das ist der erste Stern, den wir am Abend am Himmel sehen. Dann findet das nächste Sternenkind sein Laternchen, dann wieder eins, und darum sieht man am Abend nicht alle Sterne auf einmal, sondern immer eins, und noch eins, und dann viele, viele, viele. Das ist, wenn alle Sternenkinder ihre Laternen gefunden und angezündet haben. Und dann lacht auch der Großvater Mond und erzählt ihnen eine schöne Geschichte. ◇✕◇

Kristina Hofmann aus Sonthofen

DER WUNSCHBAUM ALLERLEI

Es gab einmal zu einer Zeit, als Wunder noch wahr wurden, wenn man nur ganz fest daran glaubte, einen Zauberbaum und der hieß „Allerlei". Den Namen „Allerlei" hatte er bekommen, weil ALLERLEI verschiedene Blätter an seinen Zweigen wuchsen. Manche waren riesengroß und sahen aus wie Flügel, andere hingegen waren winzig klein, wie Tannennadeln. Die Blätter waren grün und gelb, rot und braun und manche waren sogar golden, mit denen hatte es eine besondere Bewandtnis. Der Wunschbaum Allerlei hat nämlich im

Laufe seines langen Lebens sämtliche Sternschnuppen, die vom Himmel gefallen sind, aufgefangen und sie in Wünsche verwandelt. Das sind die goldenen Blätter. Die bewahrt er auf für Menschenkinder, die in ihrer Not zu ihm kommen und ihn um Hilfe bitten – oder ihre Fee-Patin zu ihm schicken.

Du weißt doch sicher, dass jedes Kind bei seiner Geburt eine Fee zur Patin bekommt? Und du weißt sicher auch, dass man sich etwas wünschen darf, wenn man eine Sternschnuppe vom Himmel fallen sieht? Allerdings darf man über diesen Wunsch nicht reden, sonst geht er nicht in Erfüllung, das ist Wunschgesetz.

Der Wunschbaum Allerlei ist ein großer, starker Baum und seine Äste reichen bis in den Himmel. Da unterhält er sich dann manchmal mit dem Mond und mit den Sternen, vielleicht sogar mit dem lieben Gott. Seine Lieblingsbeschäftigung ist es, Geschichten zu erzählen, wenn er nur jemanden findet, der ihm zuhört. Und eine seiner Lieblingsgeschichten ist die vom kleinen Stern Ernst, und die geht so:

Einmal bemerkte der Baum erstaunt, dass auf eines seiner Blätter ein großer, dicker Tropfen plumpste. Der Wunschbaum wunderte sich: Ein Regentropfen ohne eine Wolke am Himmel – wo gab es denn so was? Er fragte den Mond, ob der wisse, woher vom sternenklaren Himmel ein Tropfen kommen könne, und erfuhr Folgendes:

Einer der Sterne war sehr traurig. Er blinkte nicht mehr, er glänzte nicht mehr, er strahlte nicht mehr. Traurig sah er auf die anderen Sterne, die miteinander lachten und fröhlich waren, und wieder lief eine dicke Träne über sein Sternengesicht und tropfte genau auf eines der goldenen Blätter des Wunschbaumes. Der wusste nun, dass es an der Zeit war, mal wieder einen Wunsch zu erfüllen, und fragte den Mond, ob er nicht eine Idee habe, wie man dem Stern helfen könne. Der Mond zog seine Stirn in Falten, sodass fast ein paar Berge verrutscht wären, zog seine Nase kraus und musste erst einmal kräftig nießen – hatschiii… und hatte plötzlich einen Einfall. „Weißt du, lieber Baum", sagte er, „wir fragen den kleinen Stern gemeinsam, warum er so traurig ist." Und das taten sie.

Der kleine Stern sah den Mond mit seinen traurigen Augen an und sagte unter Schluchzen: „Ich möchte anders heißen. Mein Name ist blöd, ich mag diesen Namen nicht: ERNST, so ein doofer Name." Der Mond schaute den Stern verdutzt an. „Also so etwas habe ich ja noch nie gehört, dass jemandem sein Name nicht gefällt, nein so was." Dann wurde er sehr nachdenklich. „So, so", sagte er, „dir gefällt dein Name nicht. Da wollen wir doch mal sehen, was man da machen kann." Gemeinsam mit dem Wunschbaum überlegten sie, was man da tun könne, und der Baum hatte eine Super-Klasse-Idee:

„Soviel ich weiß, lieber Stern, ist deine Taufpatin die Regenbogenfee." Ja, auch Sterne bekommen bei der Geburt eine Fee zur Patin. „Ich werde ihr ein Traumtelegramm schicken, ihr von deinen Nöten erzählen und sie bitten, dir ein paar von ihren Farben vorbeizubringen. Dann malst du deinen Namen um. Du malst das E gelb, das R blau, das N orange, das S rot und das T grün. Dann stellst du das rote S an die erste Stelle, das grüne T an die zweite Stelle, das gelbe E in die Mitte, das blaue R an die vierte Stelle und das orange N an die letzte Stelle. Siehst du, was dabei herauskommt? Du hast den schönsten Namen der Welt, es wurden nur die Buchstaben vertauscht."

Der Stern strahlte, alle seine Traurigkeit war wie weggemalt. Und als der Mond nach einem Monat, als er wieder mal voll war, nach dem Stern schaute, sah er, dass der heller als alle anderen Sterne strahlte und sogar die Menschen auf der Erde damit ansteckte. Schaut beim nächsten sternenklaren Himmel mal hoch, da seht ihr den kleinen Stern Ernst ganz groß leuchten. ◇✕◇

Kaspar Schwärzli aus Lichtenau

WÖLKCHEN SUCHT WOLKE

Wie du weißt, gibt es am Himmel viele Wolken, ein ganzes Volk. Verschieden, wie die Menschen auf Erden: weiße, graue, rote, die im Abendrot besonders schön leuchten. Und ganz schwarze, die kriegerisch sind und vollgeladen mit Strom. Die einen haben Minus-Strom, die anderen Plus-Strom – und wenn die aneinandergeraten, dann blitzt und donnert es. Aber wie auf Erden gibt es viele gute, die sind weiß. Große und kleine Familien. Die Schäfchenwolken sind besonders viele und gern in Herden. Denn sie sind gesellige, verspielte und lustige Wolken.

So eine war Familie Wolke, die hatte ein Kind, das sie Wölkchen nannte. Die Familie erkundete die Welt. So schwebten die drei Wolken über den blauen Himmel von Amerika. Die Familie genoss die Aussicht auf das Land. Unten sahen die Wolken den Colorado River, die Rocky Mountains, die Prärie in der Abendsonne – das Leben war schön. Doch es blieb nicht so.

Amerika ist bekannt für seine Stürme. So kam frühmorgens, als alle schliefen, ein Tornado herangebraust. Zweihundert Stundenkilometer hatte er drauf und zerstörte alles, was ihm im Weg stand. Selbst die friedlichen Wolken wurden zerrissen, hin und her geschleudert und in alle Richtungen vertrieben. Wölkchen wusste nicht, wie ihm geschah. Erst wurde ihm schwindelig, dann wurde es mitgerissen und flog mit hoher Geschwindigkeit übers Meer. Als es zum Halten kam, sah es sich um. Alles weiß und blau: Das musste Bayern sein, von dem schönen Land hatten seine Eltern schon viel erzählt. Da lebten auch gesellige, gutmütige und verspielte Leute – „Menschen wie die Schäfchenwolken", hatte Papa Wolke gesagt. Einigermaßen erleichtert und sehr müde schwebte Wölkchen tiefer und sah einen großen Nussbaum im Garten. „Da lass ich mich nieder und ruhe eine Weile aus", dachte es sich.

Der Kindergartenopa Karl staunte nicht schlecht, als er morgens aufstand und es vor seinem Haus etwas dunkel war. Ja, ein kleiner Nebel, ein Wölkchen saß auf seinem Nussbaum. Du weißt ja, dass Wolken, die tief schweben, zu Nebel werden, weil sie sich ausweiten. Je höher sie kommen, desto dichter werden sie. Hoch oben schauen sie viel kleiner aus. Opa Karl ging raus, um das Ding genauer zu beobachten. Da er mit den Blumen und den Bäumen normal redete, sie immer fragte, wie es ihnen ging, sprach er auch mit dem Wölkchen. „Warum bist du so traurig? Du weinst ja." Ein paar Tropfen fielen auf den Boden. „Und wo kommst du her?", fragte Opa Karl weiter. Wölkchen war erstaunt, dass jemand mit ihm sprach und erkannt hatte, dass es Kummer hatte. Die kleine Wolke erzählte alles, an das es sich erinnern konnte und dass es traurig war. Es wollte unbedingt seine Eltern suchen.

„Ja, ja", meinte Opa Karl, „ich hab's im Fernsehen gesehen, wie
der Tornado gewütet hat und übers Meer weitergezogen ist. Hier
in Europa haben wir nichts mehr davon gespürt. Deine Eltern
sind wohl entweder im Landesinneren der USA oder in einem
Nachbarland zu finden. Wir müssen von Florida ausgehen, da
war der Tornado." „Wie komme ich dahin?", fragte Wölkchen.
Opa meinte: „Es gibt viele Winde, die immer dieselbe Strecke
wehen. Ich werde dir einen Fahrplan erstellen. Ich bin nämlich
Windexperte und kenne alle Winde, die dich nach Amerika zurückbringen", meinte Opa Karl und erzählte weiter: „Ich habe
jedes Jahr ein paar Vögel in meinem Garten zu Gast, auch ein
Schwalbenpaar unter dem Dach. Die treffen auch andere Wan-
dervögel. Da wollen wir mal nach deinen Eltern fragen." „Au
fein", meinte Wölkchen, „ich fühl mich auch wieder gut. Ich
steige auf, der Himmel ist blau. Oben treffe ich viele Zugvögel.
Vielleicht erfahre ich etwas über meine Eltern."

So geschah es, dass Wölkchen über Bayern schwebte und unser
schönes Land kennenlernte. Es sprach mit einigen Vögeln. Ein
Geier meinte: „Ich habe keine Grenzen überschritten. Mir geht
es gut hier. Ich weiß nichts von einem Tornado. Der alte Steinadler auf der Zugspitze, der weiß und hört viel. Ja, der könnte
dir helfen." So schwebte Wölkchen dem großen Berg entgegen.
Unten, auf einer großen Wiese, war ein Häschen in arger Not. Es

wurde von einem Fuchs gejagt. Schon wollte der zuschnappen, doch der Hase machte einen Linkshaken und hatte jetzt einen kleinen Vorsprung. Der Fuchs bekam nicht so schnell die Kurve. Aber beim nächsten Anlauf sah es schlecht für den Hasen aus. Da reagierte Wölkchen schnell und ließ sich auf die Tiere nieder. Im dichten Nebel schlug Häschen einen Haken nach rechts, während der Fuchs geradeaus lief. Er landete im Wald, das Häschen auf dem Feld. Wölkchen stieg auf und freute sich, dem Fuchs ein Schnippchen geschlagen zu haben.

Wölkchen war noch aufgeregt und stieß mit einer anderen Wolke zusammen. „Oh, entschuldige bitte, ich habe dich nicht gesehen. Wo kommst du her?", sagte die Wolke. „Von unten, ich war zu schnell und habe dich nicht gesehen", antwortete Wölkchen. „Ich komme über den Ozean aus Amerika", sagte Wolkelino. Aufgeregt fragte Wölkchen: „Hast du was von meinen Eltern gehört, von Familie Wolke?" „Nein, nein, wir sind schon länger hier und schauen uns Europa an. Wir wollen mit dem Südwind jetzt nach Griechenland", antwortete Wolkelino und schwebte seinen Eltern hinterher.

Wölkchen stieg höher und näherte sich der Zugspitze. Da sah es den alten Steinadler, der weise war und schon lange dort lebte. Er kannte viele Tiere und Wolken, die bei ihm in über 2000 Metern Höhe vorbeikamen. Er stand auf einem Felsvorsprung und sah ins tiefe Tal. Wölkchen hängte sich an die Felswand

neben ihm. „Guten Tag Adi, wie geht es dir?", fragte es. „Hallo Wölkchen, wo kommst du her?", fragte der Steinadler. „Jetzt aus Lichtenau, sonst aus Amerika", sagte Wölkchen und erzählte, was passiert war. „Kannst du mir helfen, meine Eltern wieder zu finden?" Adi dachte nach, es kamen viele Zugvögel bei ihm vorbei. Auch Wolken von überall her. Da waren letzte Woche Schichtwolken aus Russland, Regenwolken aus der Türkei, Gewitterwolken aus England. Er wolle sich umhören, sagte Adi. „Ich muss zurück zu Opa Karl nach Lichtenau, der weiß jetzt bestimmt, welche Winde mich zurück nach Amerika bringen", dachte es sich und flog wieder los. Der Frankenwind trug Wölkchen. Über die Lichterstadt München, dann nach Ingolstadt, das auch schön leuchtete bei Nacht, und dann ging es links ab nach Lichtenau. Müde von der Reise und dem kleinen Abenteuer schlief Wölkchen auf dem Nussbaum ein.

Opa Karl war vormittags im Kindergarten gewesen und hatte den Kleinen ein Märchen erzählt. Am Nachmittag brütete er über dem Globus und suchte für Wölkchen einen günstigen Weg

nach Amerika. Über Russland, dann nach Alaska, das schon zu Amerika gehört, nach Kanada und dann wäre Wölkchen schon zu Hause. Ganz einfach, aber doch ein langer Weg. Die Winde wären günstig, aber auch gefährlich. Der eiskalte Polarwind zum Beispiel ist bis zu 60 Grad kalt, Wölkchen könnte zu Eisklumpen gefrieren und ins Meer stürzen. Vielleicht lieber den längeren Weg nach Süden. Da gibt es die Bora von Italien nach Slowenien über Kroatien, Dalmatien, Montenegro bis Griechenland. Aber die Bora ist auch gefährlich und einer der stärksten Winde der Welt. Sie ist unberechenbar, also lieber nicht. Die meisten Winde, die schnell über viele Länder hinfliegen, sind gefährliche Stürme, die ausarten können in Hurrikane, Taifune, Tornados oder Orkane. Also nichts für Wölkchen. Am besten sind doch die Landeswinde, die etwas langsamer von Land zu Land wehen aber sicher sind. Mit dieser Erkenntnis ging Opa Karl ins Bett.

Am nächsten Tag waren Opa Karl und Wölkchen gleichzeitig wach. „Was hast du alles erfahren, Wölkchen", fragte er. „Nicht allzu viel", antwortete Wölkchen, „es war klarer blauer Himmel, fast keine andere Wolke unterwegs. Und der Steinadler Adi ist alt und vergesslich, heute will er mir was erzählen. Ein Häschen habe ich gerettet und Wolkelino kennengelernt." „Du musst dich vor den schwarzen Wolken in Acht nehmen. Sie sind gefährlich und räuberisch", sagte Opa Karl, „und auch unter den Winden gibt es böse. Zum Beispiel der Solano, der

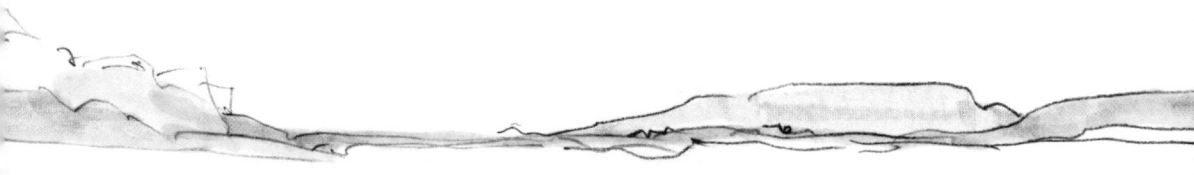

ist heiß. Oder der Buran, der ist voller Sand und Nässe. Gib acht, dass du nicht hineingerätst." „Ja, ja Opa Karl, ich will heute noch einmal zum Steinadler. Vielleicht kann er mir jetzt etwas von meinen Eltern erzählen", antwortete Wölkchen und schwebte davon.

Es war schon wieder ein schöner Tag. Die Sonne brannte auf die Erde nieder und außer Wölkchen war keine Wolke unterwegs. Wölkchen schwebte gerade über München, da sah es ein kleines, schreiendes Mädchen in einem Auto. Die Mutter hatte nur schnell etwas einkaufen und ein paar Freundinnen treffen wollen – doch sie hatte ihr Kind vergessen. Nun wurde die Luft im Auto immer stickiger und heißer. Wölkchen senkte sich sofort herunter und ließ es auf das Auto regnen. So kühlte das Dach etwas ab. Dann schaute Wölkchen, wo die Sonne stand und stellte sich genau davor – sodass das Auto nun im Schatten lag. Das Kind beruhigte sich. Nun kam die Mutter angerannt und wunderte sich, als sie die Autotür öffnete, dass es trotz der Hitze draußen im Auto so kühl war. Sie sah den Schatten, der auf den Wagen fiel, und sah nach oben. Danke Wölkchen, du hast uns gerettet.

Wölkchen zog zufrieden weiter und hatte für einen Moment die eigenen Sorgen vergessen. Da kam ein leichter Fön auf und nahm Wölkchen mit in die Berge. „Grüß dich Wölkchen", begrüßte es der alte Steinadler, der nun erholt aussah. Er plauderte einfach los. „Ich habe Zugvögel getroffen. Eine Gruppe Gänse von weither, zwei Schwalben, einen Mauersegler, die haben nichts von Amerika gehört. Das Storchenpaar hat aber einen Tornado in Florida miterlebt. Es war ganz schlimm. Ein heilloses Wolkenwirrwar ist entstanden, es gab viele Verletzte, aber zum Glück haben die Wolken keinen großen Schaden genommen. Allerdings sind einige Wolken noch nicht aufgetaucht." „Gott sei dank, sie leben noch", seufzte Wölkchen, „aber wohin sind sie getrieben?" Auch darauf hatte Adi eine Antwort: „Gestern waren zwei Kraniche aus Kanada hier, die meinten, einige Wolken aus dem Tornado habe es hierher verschlagen. Die waren sehr ramponiert und brauchten dringen Erholung." Dann erzählte der Steinadler noch, dass am Wochenende ein großes Vogelkonzert stattfindet und Singvögel aus aller Welt kämen. „Da erfahre ich bestimmt noch mehr. Schau bald wieder vorbei", krächzte er und flog davon.

Der Himmel hatte sich inzwischen verändert. Ein großer Wolkenzug kam heran. Wölkchen stieg auf und wurde sofort eingeschlossen. „Dich kenne ich doch, du bist Wölkchen", hörte es hinter sich eine bekannte Stimme. Als es sich umdrehte, staunte es: „Hallo Onkel, wo kommt ihr denn her? Weißt du, wo Mama ist?" „Das ist eine lange Geschichte", sagte Wölkchens Onkel, der bekannt für seine Ausschweifungen war. „Der Tornado war einen Kilometer breit und wir waren mittendrin. Du bist mit deinen Eltern nach rechts rausgeschleudert worden. Doch plötzlich warst du nicht mehr da. Du bist wohl weg zur Meerseite geweht worden. Wir wurden die Küsten entlang mitgenommen, bis zum Ende des Tornados. Nun ziehen wir langsam und vorsichtig dahin, weil sich einige Familienmitglieder erholen müssen. Wir tanken frische Luft über den Alpen. Und über dem Mittelmeer wollen wir unsere Verletzungen ausheilen lassen." Wölkchen war schon ganz zappelig. „Weißt du, wo Mama und Papa sind?", fragte es aufgeregt. Und noch ehe der Onkel antworten konnte, kamen Wölkchens Eltern um die Zugspitze geflogen. War das eine Freude. Mama und Papa stupsten Wölkchen glücklich, und die kleine Wolke plapperte sofort drauflos.

Ich habe dir ja schon erzählt, dass es auf der Welt verschiedene Wolken gibt. Sie können sich verändern, größer, kleiner, länger, runder werden, die Form verändern und sich an Verhältnisse anpassen. Die Farbe zeigt ihren Gemütszustand. Weiße Wolken sind friedlich. Wenn sie leicht grau werden, sind sie grantig oder krank. Schwarze Wolken sind zornig. Wölkchens Familie war jetzt wieder ganz weiß und rund, denn alle waren glücklich. Der Onkel meinte nach der großen Begrüßung: „Wir bleiben hier und wandern die Berge entlang und dann über das Mittelmeer zurück, immer im Kreis herum, das ist schön, die Luft ist gesund. Die schreckliche Zeit in Amerika ist vorbei, jedes Jahr diese Tornados und Hurrikane, die uns das Leben schwer gemacht haben. Wir bleiben jetzt hier. Wir haben hier Freunde gefunden und die Familie ist zusammengerückt." ◇✕◇

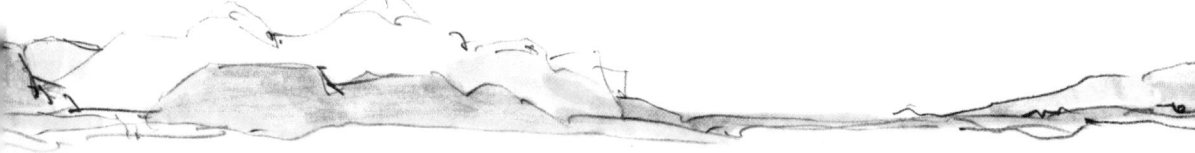

Birgit Hinne aus Stöttwang

DER ENGEL UND DIE MÄUSE

Es war einmal vor langer Zeit, da gab es auf der Erde eine große Mäuseplage. Die Menschen waren darüber sehr unglücklich, denn die Mäuse fraßen das Getreide und die Früchte auf den Feldern und in den Gärten und sie kamen auch in die Ställe und Häuser und nagten alles an, was sie finden konnten. Was sie nicht komplett verputzten, konnten die Menschen trotzdem nicht mehr essen, weil alles mit Mäusepipi und Mäusekötteln vermischt war.

Natürlich gab es damals auch schon Katzen, die von jeher als Mäusefänger bekannt sind. Obwohl es wirklich viele Katzen gab und die Menschen diese auch gut behandelten, weil sie ihnen bei der Mäusejagd halfen, wurde die Anzahl der Nager nicht wirklich weniger. So ging es eine lange Zeit: Die Mäuse vermehrten sich und die Katzen fraßen so viele von ihnen, wie sie nur konnten.

Nun weiß ja jeder, dass Katzen sehr verspielte Tiere sind. Das war auch schon immer so. Als es nun Mäuse im Überfluss gab und die Katzen sich täglich vollfressen konnten, fingen sie an, mit den übrigen Mäusen zu spielen. Wer schon einmal ein Katz-und-Maus-Spiel gesehen hat, weiß, wer der Gewinner ist. Da ein voller Bauch bekanntlich müde macht und das Mäusespiel allmählich langweiliger wurde, ließ der Eifer der Katzen dann auch bald nach. Sie vergnügten sich nur noch halbherzig und kurz mit den gefangenen Mäusen und legten sich lieber zu einem ausgedehnten Nickerchen nieder. Nachdem die Katzen fertig gespielt hatten, lagen dann viele Mäuse wie tot auf der Erde.

Damals war es auch noch so, dass gelegentlich ein Engel auf seiner Wolke zur Erde reiste und sich dort umsah. Eines Tages kam eben gerade so ein reisendes Engelein in ein Gebiet und sah von seiner Wolke aus viele reglose Mäuschen auf dem Boden liegen. Dem Engel taten die toten Nagertiere so leid, dass er beschloss, sie auf seine Wolke zu laden und persönlich zum Eingangstor vom Mäuseparadies zu bringen. Wie aber die Wolke höher stieg und die Luft frischer wurde, bewegten sich die Mäuse plötzlich wieder. Ein Schwänzchen wackelte, ein Näschen schnupperte, Barthaare zitterten und Äuglein öffneten sich. Das Englein hatte ohnmächtige und erschöpfte Mäuse, die die Katzen als tot liegen gelassen hatten, auf seine Wolke geladen – nun wachten

alle auf und erhoben sich. „Oh je, was mache ich denn jetzt bloß", überlegte der Engel, „lebendig kann ich sie nicht ins Mäuseparadies bringen. Und auf die Erde kann ich sie auch nicht zurückbringen. Wenn ich sie dort absetzen würde, wo ich sie gefunden habe, fressen die Katzen sie dieses Mal bestimmt mit Stumpf und Stiel. Die Armen haben schon so viel mitgemacht, das kann ich ihnen nicht antun."

Nun war das Englein aber mit Zauberkräften ausgestattet und hatte plötzlich eine Idee. Zu den Mäusen gewandt sprach es: „In das Mäuseparadies im Himmel könnt ihr nicht und auf die Erde zurück auch nicht. Ihr dürft in Zukunft zwischen Himmel und Erde leben!" Daraufhin nahm es einen kleinen Zauberstab aus seinem Kleid, berührte jedes Mäuschen damit und in kurzer Zeit waren allen Mäusen Flügel gewachsen. Sie flogen glücklich davon. Seit dieser Zeit gibt es Fledermäuse auf der Erde. ◇✕◇

Maria Anna Böhm aus Augsburg

DIE ABENTEUER VON LEONIE UND NOEL

Am Abend, wenn auf der Erde die Erdenkinder ins Bett mussten, begann für Leonie und Noel am Himmel die Arbeit. Denn dann mussten die beiden die ganze Nacht über leuchten, damit es auf der Erde nicht zu dunkel wurde und die Menschen sich in der Nacht zurechtfanden. Aber die beiden Sternenkinder hatten nur Unsinn im Kopf und das wurde manchen anderen Sternen zu viel. Sie gingen zum Vater Mond und erzählten ihm, was die beiden so allerhand Späße auf Kosten der anderen trieben. Vater Mond hörte sich das alles geduldig an und meinte, es seien ja noch kleine Sterne, und so schlimm könne es ja gar nicht sein. Aber als er weiter zuhörte, meinte er, dass es doch vielleicht an der Zeit war, etwas zu unternehmen. So rief er eines Tages die beiden Sternenkinder zu sich. Sie sollten sich beim Vater Mond eine Standpauke abholen.

Als Noel und Leonie hörten, dass sie zu Vater Mond kommen mussten, erschraken sie sehr und bekamen es mit der Angst zu tun. Sie beschlossen abzuhauen und dorthin zu gehen, wo sie immer spielen und rumtoben konnten und keiner, überhaupt niemand, es ihnen verbieten konnte. O je, gab es so einen Ort überhaupt? Und wo war der eigentlich? Nachdem sie einige Zeit herumgerätselt hatten, meinte Noel, er habe schon von so einem Ort gehört, aber der wäre ganz weit weg! So packten die kleinen Sternenkinder ein paar Sachen zusammen, auch Stiefel und Regenumhang wurden eingepackt, falls es unterwegs zu regnen anfangen würde. Natürlich mussten auch ihre Kuscheltiere mit: Leonie packte ihre Lieblingspuppe ein und Noel sein Lieblingsstofftier, ein Schwein namens Joschi.

Als am Morgen die anderen Sterne ins Bett gingen, schlichen sich die beiden Sternenkinder davon. Es war ja so lustig, endlich konnten sie herumhüpfen und toben, wie es ihnen gefiel. Am Tag, wenn es hell war, gingen sie. Und am Abend versteckten sie sich, damit ihnen niemand begegnete und sie fragen konnte, wohin sie wollten oder woher sie kamen. Es war toll, endlich tun zu können, worauf sie Lust hatten. Dass sie auf ihrer Reise einige Abenteuer erleben würden, ahnten beide noch nicht.

Als Leonie und Noel so fröhlich dahingin-
gen, kamen sie an einem Haus vorbei. Vor
dem Gartentor lag ein Himmelhund und
schlief. Noel, der übermütig war und etwas anstellen
wollte, bewarf den Hund mit Wolkenbällchen. Der
Himmelhund regte sich erst überhaupt nicht. Noel traute
sich immer mehr und hüpfte vor dem Hund herum. Er streckte
die Zunge raus und rief „du dummer Hund, komm und trau
dich doch". Lachend und Faxen machend vergaß er alle Vorsicht. Auf einmal aber hob der Hund seinen Kopf und fing an
zu knurren. Mit einem Satz sprang er auf die beiden zu. Vor
Schreck fingen Leonie und Noel immer wieder lauthals an zu
schreien und rannten ganz schnell davon. Der Himmelhund
hinter den beiden her und versuchte, nach ihnen zu schnappen.
Da stand plötzlich ein Baum vor ihnen. Schwups kletterte Noel
daran hoch, drehte sich um und zog Leonie gerade noch zu sich
hoch, bevor der Hund zuschnappen konnte. Huch, das war ja
noch mal gut gegangen!

Sie waren froh, in Sicherheit zu sein. Nach einiger Zeit wollten
die beiden aber wieder von da oben runter, der Himmelhund
aber stand ja immer noch unter dem Baum und bellte. Dann
kam endlich der erlösende Pfiff von seinem Herrchen und der
Hund sprang davon, aber nicht ohne vorher noch mal so richtig
böse nach oben zu bellen. Als die beiden Sternenkinder dann
vom Baum stiegen und weitergingen, saß ihnen der Schreck

noch ganz schön in den Gliedern, und Noel meinte: „Das mach ich nie wieder." Er hatte noch einige Zeit ganz schön Angst und machte um jeden Himmelhund einen weiten Bogen.

Als sie wieder weitergingen, kamen sie an einen Zauberwald. Was die beiden nicht wussten: Auch in den Wolken gibt es einen Zauberwald, in dem es vor Sternenkobolden, Sternenfeen und auch Sternenhexen nur so wimmelte. Die Hexen waren ausgestoßene Sterne, die mal ganz böse waren und in den Wald geflohen sind, um dort ihr Unwesen zu treiben. In diesen Wald ging keiner von den anderen Sternen, denn man erzählte sich ganz gruselige Geschichten, was dort schon alles passiert sein sollte. Aber das wussten unsere beiden Sternenkinder natürlich nicht und gingen hüpfend und lachend in den dunklen Wald hinein.

Nach kurzer Zeit hatten sie schon die erste Begegnung mit einer Sternenfee. Sie stand zur Wache an diesem Wald, um den verirrten Sternen zu sagen, dass es im Wald nicht ganz ungefährlich ist. Sie stellte sich den beiden Sternenkindern in den Weg und fragte: „Wo wollt ihr beide denn hin?" Noel und Leonie sagten gleichzeitig: „Wir wollen in das Wolkenland, in dem man immer Spielen und Unsinn machen kann."
Die Sternenfee, die ja auch zaubern konnte,

meinte, sie wolle mal schauen, ob es so einen Ort überhaupt gäbe. Sie nahm ihren Zauberstab, schwang ihn hin und her, machte Kreise und murmelte was dabei, das sich so anhörte wie „radibi, radibibum, zeig mir, wo das Spielwolkenland ist". Aber der Zauberstab zeigte nichts, und die Fee meinte, die beiden sollen lieber wieder nach Hause zurückgehen. Den Ort, den sie suchen, gebe es ja gar nicht und in diesem Wald wäre es für die beiden viel zu gefährlich. Aber da hatte sie nicht mit dem Dickkopf der beiden Sternenkinder gerechnet. Die glaubten ihr einfach nicht und dachten nur daran, welches Donnerwetter zu Hause auf sie wartete. Und so gingen sie einfach weiter. Die gute Fee aber begleitete die beiden heimlich, um auf sie aufzupassen.

Zu Hause hatten die Eltern und Freunde das Verschwinden der beiden Ausreißer schon bemerkt und suchten ganz aufgeregt nach ihnen. Sie gingen auch zum Vater Mond und baten ihn um Hilfe. Vater Mond dachte: „Vielleicht meinte ich es doch etwas zu streng mit ihnen." Und es tat ihm auch leid, denn es waren ja doch noch kleine Sternenkinder. Er rief alle möglichen Leute an, Freunde, Bekannte, und die riefen wiederum ihre Freunde und Bekannten an. Also, da war schon ganz schön was los, da oben am Himmel!

Währenddessen gingen die beiden Sternenkinder immer weiter. Jetzt waren sie aber nicht mehr ganz so lustig und ausgelassen wie zu Beginn ihres Weglaufens von zu Hause. Leonie und

Noel bekamen Hunger und Durst. Es machte das ganze Herumtollen irgendwann auch keinen Spaß mehr, vor allem, wenn man niemanden mehr dabei ärgern konnte. Leonie fing an zu weinen. Sie wollte zu ihrer Mama und ihrem Papa und auch wieder in ihrem Bett schlafen mit dem kleinen Schmusetier, der Ente. Auch vermisste sie die Schlafgeschichten von Mami. Ja, ja; da mussten die beiden doch zugeben, dass es doch nicht so schön war, nur Blödsinn zu machen.

Die gute Fee hörte die kleine Leonie weinen und brachte die beiden Sternenkinder zu einer Sternen-Polizeistation. Die Männer auf dem Revier hatten ganz viel Mitleid mit den beiden und brachten sie selbst ganz schnell mit dem Polizeiflugauto nach Hause zurück.

Als Leonie und Noel dann endlich wieder zu Hause waren, mussten sie trotzdem zum Vater Mond, um sich die Standpauke abzuholen. Aber Vater Mond war ganz lieb zu ihnen, als er mit ihnen redete. Und bald verstand er auch, dass die beiden noch zu klein waren für die lange Arbeitszeit. Die ganze Nacht am Himmel zu leuchten, das war einfach noch zu lang für die beiden. So vereinbarten sie, dass Noel und Leonie nur noch ein paar Stunden in der Nacht

am Himmel leuchten mussten. Er verstand die beiden sehr gut, denn er war ja auch mal ein Kind, das genauso Unsinn im Kopf hatte. Aber sie mussten ihm fest versprechen, mit einem ganz großen Sternenehrenwort, dass sie niemals mehr ausreißen würden. Denn die Eltern, Freunde, Nachbarn und Verwandten der beiden Sternenkinder hatten sich ganz große Sorgen um Leonie und Noel gemacht.

Am Abend, wenn ich am Fenster meiner Wohnung sitze und mir den Sternenhimmel ansehe, kann ich manchmal beobachten, dass zwei kleine Sterne immer hin und her schwenkten oder auch mal hüpften und wie zwei kleine Kobolde umhertanzten.

Also packte ich eines Nachts meine Koffer, um eine Reise in den Sternenhimmel anzutreten und um zu sehen, was dort oben los war. Und ich wollte die Sternenkinder Leonie und Noel kennenlernen. Jetzt wirst du dich bestimmt fragen, wie kommt man denn in den Sternenhimmel. Das geht ganz einfach. Du schließt die Augen, und vor deinem inneren Auge siehst du den Himmel. Dann wandern deine Gedanken hoch zu den Sternen und du gehst los zu einer ganz hohen Treppe. Die musst du emporsteigen, und wenn du oben bist, setzt du dich auf eine kleine Fahrzeugwolke, die dort extra für Besucher steht. Auf dieser Wolke machst du es dir bequem, und dann kannst du im Sternenhimmel herumfliegen.

So eine Reise habe ich angetreten. Als ich auf der Fahrzeugwolke saß und so herumflog, um die beiden kleinen Sterne zu suchen, sah ich viele Dinge, den großen Bären, und, und, … es war einfach wunderschön und ich hatte ein ganz tolles Gefühl in meinem Bauch, so als ob tausend Schmetterlinge darin herumfliegen würden. Irgendwann sah ich die beiden Sternenkinder wie sie fangen spielten. Als sie mich sahen, kamen sie neugierig zu mir her. Ich sprach sie an und fragte sie, wie sie denn heißen und was sie denn gerade machten. Der Sternenjunge hieß Noel und das Sternenmädchen Leonie, und sie sagten, sie spielten fangen. So hab ich die beiden kennenlernen dürfen und sie ganz lieb gewonnen. Ab und zu besuche ich die beiden noch und wir sind ganz gute Freunde geworden. ⟨✕✕⟩

Klement Prior aus Dietmannsried

DER KLEINE REGENBOGEN

Dilara war ein kleines fröhliches Mädchen mit blauen Augen und langen Haaren, die zu einem dicken Zopf geflochten waren. An einem wunderschönen Sommertag wäre Dilara gern mit ihrer Freundin Amelie in den Garten zum Spielen gegangen. Sie lag aber mit einer Grippe krank in ihrem Bett und durfte nicht aufstehen. Die Mutter versorgte sie mit Tee, Obst und Keksen. Und weil Dilara sehr müde war, schlief sie bald ein.

Einige Zeit später wurde sie von einem heftigen Gewitter geweckt. Es blitzte und donnerte. Sie rief nach ihrer Mutter – doch die antwortete nicht. Sie rief noch einmal, so laut sie konnte. Doch es rührte sich nichts im Haus. Niemand war da. Dilara stand auf und schaute aus dem Fenster. Das Gewitter hatte sich inzwischen verzogen und die Sonne kam zum Vorschein. Da Dilara sich wieder fit und gesund fühlte, zog sie sich an, nahm

ihren kleinen Rucksack, packte eine Trinkflasche, einen Apfel, die übrigen Kekse, ein Malbuch und Malstifte ein und ging hinaus. Sie wollte ihre Freundin Amelie besuchen, um mit ihr zu malen und zu spielen.

Der Weg führte sie am Bach entlang und über einen schönen Wiesenweg. Viele schöne Blumen standen auf der Wiese, und sie pflückte einen dicken Strauß davon. Diesen Wiesenblumenstrauß wollte sie ihrer Mutter mit nach Hause bringen. Nach einiger Zeit schaute sie sich mitten auf der Wiese plötzlich suchend um. „Wo muss ich denn nur hin?", dachte sie. Dilara hatte sich verlaufen. Sie wusste nicht mehr, in welche Richtung sie weitergehen musste. Da entdeckte sie eine Bank. Dort wollte sie erst einmal Rast machen. Sie setzte sich hin und holte aus ihrem Rucksack die Brotzeit heraus. Während sie an ihrem Keks knabberte, hörte sie plötzlich hinter sich eine leise, feine Stimme: „Hallo, kannst du mich hören? Hallo!", sagte die Stimme. Dilara drehte sich um, konnte aber niemanden entdecken. „Da muss ich mich wohl getäuscht haben", dachte sie und nahm einen Schluck aus ihrer Trinkflasche. Doch schon wieder hörte sie die leise Stimme hinter sich: „Hallo, kleines Mädchen, hörst du mich denn nicht, ich bin hier, hinter der Bank?"

Jetzt stand Dilara auf und schaute genauer nach. Sie konnte kaum glauben, was sie da sah: Ein winzig kleiner Regenbogen,

der eigentlich keiner mehr war. Denn der war so klein, dass er nicht einmal über die Bank hinausragte und nur noch zwei Bögen in den Farben Rot und Orange hatte. Dilara konnte nicht anders und musste laut und herzhaft lachen. „Was bist denn du für ein Regenbogen? Deine Bögen müssten doch bis zum Himmel hinaufreichen?" Der kleine Regenbogen war sehr traurig und erzählte, dass er früher ein sehr schöner, großer Regenbogen und stolz auf seine bunten Bögen war. Aber die Gewitterhexe habe seine bunten Bögen für einen Zaubertrank gebraucht und ihm die Farben Gelb, Grün und Blau gestohlen. Seitdem sei er nun so klein, dass er nicht mehr bis zum Himmel reiche. „Ich bin so traurig, kannst du mir nicht helfen?", fragte der kleine Regenbogen.

Dilara überlegte und überlegte. Da kam ihr eine gute Idee! Sie holte ihre Farbstifte aus dem Rucksack und begann, dem Regenbogen wieder bunte Bögen zu malen. Sie malte die Bögen in den Farben Blau, Gelb, Grün und Violett. Der Regenbogen wurde größer und größer. Schließlich reichte der Regenbogen wieder bis zum Himmel hinauf. Dilara war stolz auf ihr Werk und der Regenbogen war überglücklich. „Nun bin ich ja noch viel größer und schöner als vorher!", rief er begeistert. Vielen Dank, dass du mir geholfen hast. Dafür hast du nun einen Wunsch frei!" Dilara musste nicht lang überlegen. „Ich habe mich verlaufen und wünsche mir, wieder zu Hause zu sein!", sagte sie. Da machte es „Rum-Bum, Bim-Bam, Blitz-und-Donner" und – Dilara lag wieder zu Hause in ihrem Bett.

Die Mutter stand vor ihr und sagte: „Na, Dilara. Hast du gut geschlafen? Es hat ein Gewitter gegeben. Schau mal aus dem Fenster. Dort kannst du einen wunderschönen großen Regenbogen sehen." Dilara lief schnell zum Fenster und drückte sich daran die Nase platt. Am Himmel entdeckte sie den schönsten Regenbogen, den sie je gesehen hatte. Dabei hatte sie das Gefühl, als zwinkere er ihr zu. Gleich erzählte Dilara ihrer Mutter, was sie erlebt hatte. Die Mutter lachte und meinte, „das wirst du wohl nur geträumt haben!" Dilara zuckte mit den Schultern und machte einen Schmollmund. Sie fühlte sich nun wieder viel besser, schlüpfte aus dem Bett und ging mit ihrer Mutter in die Küche. Dort stand, mitten auf dem Tisch, ein dicker Strauß mit den schönsten Wiesenblumen. ◇✕◇

MÄRCHENHAFTES

Senzi Zwerger aus Faistenoy

IM HEXENWÄLDCHEN

Lukas, Lara und Lilli spielten viel in der Scheune. Doch auf einmal war jeden Tag etwas anders. Die Puppe lag immer neben dem Puppenwagen, auf dem alten Sessel waren die Kissen durcheinander und das Puppengeschirr war nicht mehr im Regal. Die Kinder dachten an einen Marder oder verdächtigten die Katzen.

Lukas legte sich auf die Lauer. Auf einmal meinte er, ein leichtes Weinen zu hören. Er schlich sich in die Ecke. Da bewegte sich etwas. Er stürzte sich vor und schon zappelte ein kleines Kerlchen in seinen Händen und jammerte: „Bitte, bitte tu mir nichts." Die Kinder sahen voll Staunen dieses Kerlchen an: „Wer bist denn du? Was machst du hier? Bist du aus dem Zwergenland abgehauen?", fragten sie. Der Kleine merkte, die Kinder tun mir nichts und erzählte seine Geschichte.

„Ich heiße Wolfi, eigentlich Wolfgang, und bin zurzeit in der Kurklinik in Mittelberg. Die anderen Kinder lachen mich immer aus, weil ich ziemlich klein bin. Da wollte ich denen mal zeigen, wie mutig ich bin. Also schlich ich nachts aus dem Zimmer und rannte ins Hexenwäldchen hinauf. Natürlich hatte ich Angst, doch laut rufend ging ich durchs Hexenwäldchen und rief: ‚Hex, Hex, böse Hex, fang mich doch, komm aus deinem Hexenloch.‘ Ich drehte mich, um wieder ins Heim zu rennen und stolperte über einen Besen. Wie ich hoch schaute, stand eine grässliche Hexe vor mir. Die Hexe sprach: ‚So, so, du kleiner Frechdachs machst dich über mich lustig. Zur Strafe sollst du nun noch viel kleiner werden.‘ Mir wurde auf einmal ganz heiß und, fatze die ratz, war ich so groß wie ein Gartenzwerg und die Hexe war verschwunden. Ich traute mich nicht mehr ins Heim und rannte und rannte den Berg hinunter bis zum nächsten Dorf. An einem Haus stand Zwerger, da dachte ich, die sind bestimmt nett zu einem Zwerg. Die zwei Tage legte ich mich nachts in den Puppenwagen, am Tag versteckte ich mich. Was soll ich nun tun?“

Lukas, Lara und Lilli überlegten lange, dann sagten sie: „Du hast die Hexe beleidigt und musst dich entschuldigen, vielleicht verzaubert sie dich wieder zurück. Wir helfen dir.“ Also marschierten alle zusammen, Wolfi im Puppenwagen, ins Hexenwäldchen hinauf. Als es dunkel wurde, riefen alle zusammen: „Hex, Hex, brave Hex, fang uns doch, komm bitte aus dem Hexenloch." Als es blitzte und donnerte, erschraken sie und plötzlich stand die Hexe vor ihnen. Wolfi stotterte und sagte: „Bitte, bitte liebe Hexe, es tut mir so leid, kannst du mir verzeihen und mich wieder groß zaubern?" Die Hexe schaute ihn lange an und dann die anderen drei Kinder. „So, so", sprach sie langsam mit hoher Stimme, „ich will ja nicht so sein und ich freu mich ja, wenn Kinder zu mir ins Hexenwäldchen zum Spielen kommen."

Sie hob den Besen hoch und rief: „Besendreck und Katzenschreck, hilf diesem kleinen Gartenzwerg." Wolfi zitterte, dann schüttelte es ihn und auf einmal stand ein normaler Bub vor ihnen. Er umarmte alle, bedankte sich für deren Hilfe, drehte sich zur Hexe, um auch ihr zu danken, doch sie war weg, wie in Luft aufgelöst. Er rannte, so schnell er konnte, zum Kinderheim zurück, da waren alle in heller Aufregung, und von da weg wurde er nie mehr ausgelacht. Lukas, Lara und Lilli gingen schnell zu ihrer Oma und erzählten ihr die Geschichte und die Oma schrieb die Geschichte ganz schnell auf. ◇✕◇

Angelika Hofer aus Mertingen

REHSI, REHNALD UND DER WICHTEL

Es war einmal ein Reh, das lebte mit vielen anderen Rehen in einer Herde in einem großen dunklen Wald, fernab von den Menschen. Eines Tages im Frühjahr gebar es Zwillinge. Es nannte sie Rehsi und Rehnald. Die beiden waren einfach entzückend: mit ihren hellen Tupfen auf dem Rücken und den langen, staksigen Beinen, auf denen sie versuchten, ihre Welt zu erkunden. Wackelig und ängstlich machten sie ein paar Schritte vorwärts, um danach erschöpft ins weiche Moos zu sinken und sich auszuruhen. Zwischendurch, wenn sie hungrig wurden, tranken sie gierig an den Zitzen ihrer Mutter und wurden so von Tag zu Tag kräftiger. Es dauerte nicht lange, bis sie sicher und frech umhersprangen. Die beiden waren unzertrennlich.

So zog der Sommer ins Land und sie begannen Gras zu fressen. Die zwei suchten sich die besten Plätze mit dem frischesten, saftigsten Gras und entfernten sich dabei immer wieder ein ganzes Stück von der Herde, verloren sie aber nie ganz aus den Augen. Ihre Mutter mahnte sie stets, sich nicht so weit zu entfernen. Aber wie es auch bei Menschenkindern der Fall ist, so waren Rehsi und Rehnald oft in ihr Spiel vertieft, dass sie die Welt um sich herum vergaßen. So kam es, dass sie eines Tages bei der Suche nach noch zarterem Gras einen seltsam aussehenden alten Baumstumpf fanden und rings um diesen Stumpf genüsslich fraßen.

Plötzlich stand ein kleines Wichtelmännchen
vor ihren kleinen Schnäuzchen. Es war lustig
anzusehen mit seinem langen, weißen Bart
und der roten Zipfelmütze. Hinter ihm, in
einer Tür im Baumstumpf, standen auch
noch eine Wichtelfrau und zwei Wich-
telkinder. Neugierig kamen Rehsi und
Rehnald ganz nah an das Männchen
heran, um es zu beschnüffeln. In diesem Augenblick aber fing das Männchen zu schimpfen an: „Schert euch
gefälligst weg und grast woanders,
nicht gerade in meinem Garten.
Außerdem zertrampelt ihr mir
hier alles mit euren Hufen,

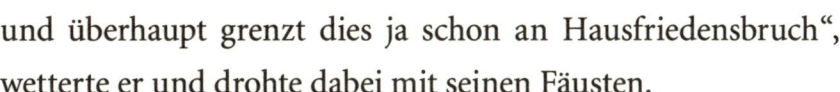

und überhaupt grenzt dies ja schon an Hausfriedensbruch",
wetterte er und drohte dabei mit seinen Fäusten.

Rehsi und Rehnald schauten sich verdutzt an, denn sie hatten
noch nie einen Wichtelmann gesehen. Und dass ein so kleines
Wesen so laut brüllen konnte, war schon erstaunlich. Weniger
erschreckt als verwundert schüttelten sie nur ihre Köpfe und
trollten sich davon. Und während sie sich im Weiterlaufen noch
über das seltsame Benehmen des Wichtels wunderten, merkte Rehsi auf einmal, dass ihre Mutter gar nicht mehr zu sehen
war. Und auch der Rest der Herde war verschwunden. „Hab

keine Angst", beruhigte sie Rehnald, „wir gehen einfach in die Richtung zurück, aus der wir gekommen sind. Und dann sind wir alle wieder zusammen."

Rehnald stolzierte hocherhobenen Hauptes voraus, vorbei am Haus des Wichtels und immer weiter. Aber wer sich schon einmal in einem Wald verlaufen hat, versteht, wie schwer es ist, sich eine bestimmte Richtung zu merken: Ein Baum sieht aus wie der andere, und eine Wurzel wie die nächste. Läuft man dann eine gewisse Zeit, merkt man, dass man genau an der einen oder anderen Stelle schon einmal war und im Kreis gelaufen ist. Genau so erging es den beiden Rehen. Sie waren noch jung und hatten keinerlei Erfahrung. Außerdem waren sie noch nie allein gewesen in ihrem jungen Leben.

Rehsi bekam es jetzt richtig mit der Angst zu tun, denn es begann dunkel zu werden. Und im Dunkeln hatte sie immer schon Angst. „Ich möchte jetzt auf der Stelle zu meiner Mami", wimmerte sie. „Rehnald, hör auf mit dem Quatsch und führ uns jetzt endlich zurück." Rehnald aber war ganz und gar nicht mehr sicher, dass alles so einfach ist, und antwortete zerknirscht: „Rehsi, wir haben uns verlaufen. Ich habe keine Ahnung, wo wir sind." Rehsi fing bitterlich zu weinen an. Erschöpft vom vielen Laufen ließ sie sich ins Moos fallen und schluchzte und jammerte, dass es weithin zu hören war. Rehnald stand mit hängendem Kopf daneben.

Plötzlich sah er ein kleines Licht, einige Zentimeter vom Boden entfernt, auf ihn zukommen. Jetzt bekam auch er es richtig mit der Angst zu tun. Wandelnde Lichter hatte er noch nie gesehen, und das war ganz schön unheimlich in der abendlichen Dämmerung. „Rehsi", flüsterte er, „R e h s i schau doch mal!" Sie aber hörte nichts in ihrem Wehklagen. Indessen kam das Licht immer näher. Und als es schon ziemlich nah war, entdeckte Rehnald, dass das Licht eine kleine Laterne war, die vom dem Wichtelmännchen getragen wurde. Erleichtert sprach er: „Rehsi, nun heul doch nicht, hier kommt jemand, der uns helfen kann."

Das Wichtelmännchen hob seine Laterne und schimpfte gleich wieder los: „Zuerst wird einem der Garten ruiniert, und kaum will man sich nach einem anstrengendem Tag zur Ruhe legen, wird man von diesem schrecklichen Geheule aufgeschreckt. Was soll denn dieser Lärm?" „Ach bitte", sprach jetzt Rehsi mutig, „schimpf doch nicht mit uns. Deinen Garten haben wir bestimmt nicht mit Absicht zerstört und deine Ruhe wollen

wir dir wirklich gönnen. Aber wir haben uns verlaufen und wissen den Weg nicht mehr zum Nachtquartier unserer Herde. Du kennst dich hier gewiss gut aus und kannst uns vielleicht helfen." „Auskennen? Pah! Mein ganzes Leben habe ich hier im Wald verbracht, jeden Baum, jeden einzelnen Stein kenne ich in- und auswendig. Aber helfen? Wieso sollte ich euch helfen? Nichts wie Ärger hat man mit euch. Und außerdem: Was habe ich denn davon?", schnaubte er immer noch zornig. Rehsi sah verzweifelt zu Rehnald, und der konnte seine Enttäuschung auch nicht verbergen. „Ach, liebes Wichtelmännchen", sprach nun er: „Bitte verzeih uns, wir wollten dir bestimmt nichts Böses und gerne würden wir dir deine Mühe auch lohnen, aber sieh' uns an, wir haben ja selbst nichts. Was könnten wir dir schon geben?" Das Wichtelmännchen sah die beiden nachdenklich an. Er legte seine Hand an sein Kinn und rieb hin und her, dabei ging er auf und ab. „Mal sehen", sagte er. „Ihr wollt mir also etwas dafür geben?" „Gewiss", sprach Rehnald, und Rehsi nickte hoffnungsvoll dazu.

Der Wichtelmann nickte und sprach: „Nun gut, ich wüsste da schon etwas: die Tupfen auf eurem Fell!" Die beiden Rehkinder sahen sich an. „Wie soll das gehen?", fragte Rehnald verwundert. „Das muss euch nicht interessieren. Wollt ihr nun nach Hause zu eurer Mutter oder nicht?", polterte er und fügte dann hinzu: „Ach, was mache ich denn eigentlich hier, ihr stehlt mir ja nur meine Zeit", packte seine Laterne, die er abgestellt hatte, und schickte sich an zu gehen. „Bitte", flehte Rehsi, „geh nicht!"

Das Wichtelmännchen drehte sich um, sah beide fragend an. Voller Verzweiflung nickten sie. „Nun gut, ich habe euer Wort, so soll es geschehen!", brummte der Wichtelmann in seinen Bart. Er griff in seine Hosentasche und zog seine Hand als Faust wieder heraus. „Hier drin", sprach er, „ist ein Glühwürmchen. Es wird euch den Weg zeigen." „Wir danken dir von ganzem Herzen", sprach Rehsi, „es ist wirklich sehr freundlich von dir, uns zu helfen." „Freundlich? Pah! Ihr bezahlt mich doch! Ein Geschäft ist das, nichts weiter als ein gutes Geschäft. Macht, dass ihr weiter kommt, und passt das nächste Mal besser auf", schimpfte der schlecht gelaunte Wichtelmann. „Danke", sagte Rehnald noch. Aber da hatte das Wichtelmännchen die Faust schon geöffnet und das Glühwürmchen flog davon, vorbei am Baumstumpfhaus und immer weiter.

„Schnell", sagte Rehnald zu Rehsi, „komm schon, sonst ist es verschwunden." Flink war Rehsi auf den Beinen und beide eilten geschwind dem Lichtchen hinterher, ohne sich noch einmal umzudrehen. Als sie aber auf Höhe des

Baumstumpfes waren, fielen ihre Tupfen vom Fell ab und verwandelten sich in Silbermünzen, die auf dem weichen Waldmoos zu liegen kamen. Die beiden bemerkten es nicht einmal, so sanft und lautlos ging das vonstatten.

Es dauerte gar nicht lange, da sahen sie im trüben Mondlicht auf einer Lichtung ihre Herde stehen, und da war auch ihre Mutter, die sich schon solche Sorgen gemacht hatte. „Ach, wie bin ich froh, dass euch nichts zugestoßen ist", sprach sie erleichtert und liebkoste eines ihrer Kinder nach dem anderen. Aber als sie ihren Kopf an ihren Kinder rieb, stutzte sie: „Ja Kinder, was ist denn mit eurem Fell geschehen?" Die zwei besahen sich etwas verwundert, stellten aber fest, dass sie jetzt viel erwachsener aussahen. Da zuckten beide nur mit den Schultern und schauten ganz unschuldig drein. „Nun ja, was soll's, ich hab euch wieder, das ist das Wichtigste", sprach die Mutter. So begab sich die ganze Herde zu ihrem Schlafplatz und alle lebten glücklich bis an ihr Lebensende.

Und so kam es, dass auch heute noch alle Rehkitze ab einem bestimmten Alter ihre Tupfen verlieren, und wer ganz genau hinsieht, kann vielleicht einmal ein Wichtelmännchen im Wald beobachten, wie es mit einem Sack auf dem Rücken die herabgefallenen Silbermünzen vom Waldboden aufsammelt. ◇◇◇

Manuela Maurus aus Willofs

NULA IM BUBBELWALD

Einst lebte ein Mädchen namens Nula in einer kleinen Hütte im Bubbelwald. Dort gab es wundersame Wesen, die durch die Lüfte schwebten, immerzu Geräusche wie ein kleines Kinderkichern von sich gaben und eben aussahen wie kleine Seifenblasen. Nula war mit sich und der Welt zufrieden und machte sich nichts daraus, allein zu sein. Schließlich waren da Moppel, das Eichhörnchen, und Peppo, das Reh. Und es gab noch viele, viele andere Tiere, die Nulas Freunde waren.

Eines Tages klopfte es an der Tür. Nula zuckte zusammen. Keiner ihrer Tierfreunde war dazu fähig, an die Tür zu klopfen. Da hatte Nula dann doch ein bisschen Angst, und als nach einer

Weile dann doch ihre Neugier siegte und sie die Tür öffnete, war da weit und breit niemand zu sehen. Sie wollte schon wieder hineingehen, als sie sah, dass etwas auf dem Boden vor der Hütte lag. Etwas, das das Mädchen noch nie zuvor gesehen hatte. Es war klein und golden, rund und hing an einer langen Kette. Schnell steckte sie es in die Tasche ihres Kleidchens und ging ins Innere der Hütte, um es genauer zu begutachten. Auf der Vorderseite des runden Anhängers waren kunstvolle Verzierungen angebracht, die alle zusammen den schönsten Schmetterling zeigten, den Nula bis dahin gesehen hatte. Plötzlich fiel ihr in der Stille des Waldes etwas auf. Irgendetwas hatte sich verändert. Irgendetwas… Wieder schaute sie den kleinen Schmetterling an und – Moment! Sie hielt ihn sich ans Ohr. Das war es! Der Schmetterling tickte langsam, aber in stetem Takt vor sich hin.

Fasziniert begutachtete sie wieder den Anhänger und entdeckte einen kleinen Knopf, den sie langsam und mit Bedacht drückte. Mit einem kleinen Klicken sprang der Anhänger auf. Zum Vorschein kamen zwölf Zahlen, die der Reihenfolge nach in einem Kreis angeordnet waren. Drei Linien, von denen sich eine stetig im selben Takt bewegte und von dem das Geräusch ausging, befanden sich in der Mitte dieses Kreises. Eine Weile rätselte Nula, was das sei und fragte dann ihre Waldfreunde. Doch keines von den Tieren hatte so etwas jemals gesehen. Frustriert, aber immer noch das geheimnisvolle Geschenk bewundernd, legte sich Nula schließlich ins Bett. Draußen war es schon dunkel geworden und im tickenden Rhythmus des Schmuckstücks schlief sie schließlich schnell ein.

Nula schreckte hoch. War da wieder ein Klopfen oder hatte sie das nur geträumt? Draußen war es schon hell und die Vögel zwitscherten; Betty und Mildred gaben sich ganz besonders viel Mühe. Nula stand auf, schlich vorsichtig zur Tür und öffnete sie einen Spaltbreit. Als jedoch wieder niemand dort war, war sie sich fast sicher, geträumt zu haben, schaute jedoch trotzdem zu Boden. Ihr Herz setzte dabei einen Schlag aus. Denn da am Boden, wo gestern noch die Kette lag, befand sich ein kleiner zusammengefalteter Zettel. Nula hob ihn auf, machte sich diesmal aber nicht die Mühe, zuerst in die Hütte zu gehen. Auf dem kleinen Blatt Papier stand:

„Hallo Nula, ich möchte dir etwas zeigen. Wenn du morgen früh den Schmetterling öffnest und die große und kleine Linie beide nach links zeigen, komm zur großen Eiche!"

Nula hatte Mühe, das Geschriebene zu entziffern, da sie nicht allzu viel Übung im Lesen hatte. Doch als sie fertig war, glühten ihre Wangen. Wer mochte das sein und vor allem, was wollte er ihr zeigen? Diesmal zeigte sie das Papier nicht ihren Freunden, sondern versteckte es unter ihrem Kopfkissen.

Nula konnte es nicht erwarten, dass es Abend wurde. Beim Spielen mit ihren Waldfreunden war sie nicht recht bei der Sache und bekam ein paar Mal einen Tannenzapfen an den Kopf geworfen. Schließlich war es dann aber doch so weit. Nula kuschelte sich in ihr Bett, faltete die Nachricht noch einmal auseinander und begutachtete den Schmetterling. Sie hatte inzwischen gemerkt, dass die Linien sich unterschiedlich schnell bewegten und hoffte sehr, dass sie den beschriebenen Moment nicht verpasste. Während sie noch darüber nachdachte, schlief sie aber schon ein. Diesmal wachte sie von einem anderen Geräusch auf. Es war sehr leise, aber doch auffallend. Nula blickte sich um und traute ihren Augen nicht. Der Schmetterling

hatte sich aufgerichtet und drehte sich blitzschnell um die eigene Achse, wobei er ein leises Flirren von sich gab. Doch gerade, als sie ihn anfassen wollte, wurde er langsamer und legte sich schließlich wieder auf den Anhänger, als wäre nichts gewesen. Was sollte das bedeuten?

Nula drückte auf den kleinen Knopf und saß sofort kerzengerade im Bett. Die Linien hatten die Position angenommen, von der der Unbekannte gesprochen hatte. Schnell kämmte sie sich noch die Haare, zog sich an und war auch schon aus der Hütte. Zur großen Eiche war es nicht weit, und als sie dort war, verlangsamte sie ihre Schritte. Doch niemand wartete dort auf sie. Unter der Eiche ließ sich Nula nieder und blickte traurig auf ihren Schmetterling. Da begann er wieder wie von Zauberhand zu tanzen. Und als sie zuerst ihn anschaute und sich dann erhob, stand ihr ein Junge gegenüber. „Hallo Nula, ich bin Atin." Nula wusste nicht, was sie sagen sollte, aber sie konnte nicht den Blick von ihm wenden. Dann fiel ihr wieder ein, weshalb sie hier war. „Du wolltest mir etwas zeigen. Woher kennst du eigentlich meinen Namen?" Und dann sprudelten die Fragen nur so aus ihr heraus. Wo er herkomme und was die geheimnisvolle goldene Kette war.

Der Junge schmunzelte. Konnte ein Mädchen so viel auf einmal reden? „Das Medaillon ist eine Uhr, die die Zeit misst.
Ich bin seit einiger Zeit in diesem Wald und beobachte dich.
Die Uhr ist von meinem Vater. Seine Worte, als er mir diese
schenkte, waren: ‚Sie führt dich zum Glück.‘ Sie hat mich in
diesem Wald zu dir geführt, Nula. Er trat einen Schritt auf sie
zu, sodass die Luft zwischen ihnen zu vibrieren begann. Nula
war etwas schwindelig, jedoch auf angenehme Weise. Und da
beugte sich der Junge vor und gab ihr einen Kuss. Zuerst auf die
Stirn, dann auf die Nasenspitze und schließlich, sehr zärtlich,
auf den Mund. Nula schnappte nach Luft, überwältigt von den
Gefühlen, die er in ihr auslöste. Sie flüsterte: „Aber wolltest du
mir nicht etwas zeigen?“

Da nahm der Junge die Uhr aus ihrer Hand, legte sie Nula um
den Hals, sodass sie sich schließlich an ihren Hals schmiegte.
Dann nahm er ihr Gesicht in seine beiden Hände, sah ihr in die
Augen und sagte: „Ich will dir zeigen, was Liebe ist.“ Er gab ihr
erneut einen Kuss. Und ohne dieses Wort zuvor schon einmal
gehört zu haben oder zu wissen, was es war, begann Nula in
diesem Moment zu lieben. ♥♥♥

Petra Porstner aus Kaufbeuren

DAS GLÜCKLICHE APFELBÄUMCHEN

Es war einmal ein Apfelbäumchen. Das stand schon viele Jahre und tief verwurzelt in einem wunderschönen Apfelhain am Stadtrand von Heitertupfering. Alljährlich im Frühjahr trug das Apfelbäumchen die dicksten, schönsten und prächtigsten Blüten, die man sich nur vorstellen kann. Aber es war darüber nicht sehr glücklich. Jedes Jahr im Herbst kam der Bauer mit einem großen, hölzernen Wagen und warf all die Äpfel, die das Apfelbäumchen an seinen dicken Ästen trug, dort hinein. Unsanft rüttelte und schüttelte er das Bäumchen, zerrte an den Zweigen und riss an den Äpfelchen, um eilig seinen Wagen zu füllen. Darüber war das Apfelbäumchen sehr traurig, denn es wünschte sich nichts so sehr, als dass es irgendjemand auf der Welt gab, der einmal staunend vor ihm stand und für sich ganz allein dachte: „Was ist das für ein schönes Apfelbäumchen.“

Direkt an den Apfelhain grenzte ein sehr großes Gebäude. Das Apfelbäumchen verstand nicht viel von Architektur, und so fragte es seinen Nachbarn, ein furchtbar kluges und gescheites Apfelbäumchen: „Was ist das für ein Haus? Ich sehe dort immerzu Kinder ein- und ausgehen." „Ach du Dummerchen", antwortete sein Nachbar, „das ist doch kein gewöhnliches Haus, das ist eine Schule." Von einer Schule für Kinder wusste das Apfelbäumchen nichts, aber es hatte schon von den Baumschulen gehört, die von den Birn-Zwetschgen- und Apfelbäumchen der höheren Gesellschaft besucht wurden. Das Apfelbäumchen war sehr interessiert an all den Kindern und beobachtete alles ganz genau.

Dann wurde es Winter. Der war sehr lang und sehr kalt. Auch das Apfelbäumchen fror ganz jämmerlich und freute sich schon auf die ersten wärmenden Sonnenstrahlen. Endlich wurde es Frühling. Der Schnee schmolz, Tulpen und Narzissen standen in den Gärten und ehe man sich versah, stand das Apfelbäumchen in der schönsten Blüte seines Apfelbäumchenlebens. Auch auf dem Spiel- und Pausenhof der Schule gab es jetzt eine Menge zu entdecken. Die Kinder lachten, spielten „Fang mich", aßen leckere Marmeladenbrote und tranken Kakao aus kleinen Milchtüten. Das gefiel dem Apfelbäumchen und es freute sich jeden Tag aufs Neue über das turbulente Treiben jenseits des Zaunes. Glücklicherweise stand es so nahe am Gatter, dass es alles genau beobachten konnte und schon so manches Kind beim Namen kannte.

Auf den Frühling folgte ein langer, heißer Sommer und leider gab es auch die großen Ferien. Plötzlich war es ganz still in der Schule. Nur der Hausmeister mähte zuweilen den Rasen oder reparierte die Dachrinne im dritten Stock. Zum Glück hatte das Apfelbäumchen nicht viel Zeit, darüber traurig zu sein, denn es hatte alle Zweige voll zu tun, sich um das Wachstum seiner Äpfel zu kümmern. Ihm graute schon ein wenig vor dem Bauern und seinem hölzernen Wagen. Aber zum Glück waren die Ferien vorbei und die Schule mit neuem Leben erfüllt. So war es ganz und gar vertieft, sich alles anzusehen, dass es zuerst nicht bemerkte, dass da jemand am Zaun stand und zu ihm herübersah.

„Was bist du für ein schönes Apfelbäumchen" – eine Kinderstimme riss das Apfelbäumchen völlig unvorbereitet aus seinen Gedanken, sodass es vor lauter Schreck heftig mit seinen Blättern raschelte. „Ich heiße Nils. Und wer bist du?", sagte ein kleiner blonder Junge, der am Tor stand. Das Apfelbäumchen war völlig perplex, dass es von jemandem angesprochen wurde. „Nun, äh, ich bin ein Apfelbäumchen und gehöre zur Gattung der Zwick-Zwack, süß und saftige Äpfel." „Ich komme wieder", rief Nils und verschwand im Getümmel, denn die Schulglocke hatte geläutet.

Von diesem Tag an waren Nils und das kleine Apfelbäumchen dicke Freunde. Nils erzählte allen Kindern in der Schule von den herrlichen Äpfeln, die das Apfelbäumchen trug. Als die Apfelernte nahte, schmiedeten sie einen Plan. „Komm morgen", flüsterte das Apfelbäumchen, „und bring all deine Freunde

mit." Als tagsdrauf die Schulglocke zur ersten Pause läutete, stürmten die Kinder, allen voran Nils, Richtung Apfelhain und staunten nicht schlecht, was sie dort sahen. Über Nacht hatte das Apfelbäumchen all seine Früchte abgeworfen und den Kindern vor die Füße gerollt, sodass sie nur noch danach greifen mussten. „Nils", rief es zu seinem Freund, „für dich habe ich den dicksten und süßesten noch in meinem Blätterdach." Und dann ließ es seinen schönsten Apfel direkt in Nils kleine Hände plumpsen. Als das Apfelbäumchen all die Kinder sah, die fröhlich und schmatzend seine Äpfelchen verspeisten, da schloss es für einen Moment die Augen, weinte eine Glücksträne und sprach zu sich selbst: „Ich bin das glückliste Apfelbäumchen der Welt." ◇✕◇

Bernhard Storch aus Weil

DER KLEINE KOBOLD

Es war einmal ein armer Kobold, der so klein und arm war, dass er sogar für sein Essen betteln musste. Eines Tages kam er, während er im Wald spazieren ging, an einen kleinen Bach. Dort sah er viele kleine Fische vergnügt umherschwimmen. Sie waren noch viel kleiner als er, aber sie hatten bestimmt immer etwas zu essen, dachte er sich. Er setzte sich an den Rand des Baches, um den Fischen zuzuschauen. Plötzlich kam eine große Kröte angekrochen. Da dachte sich der kleine Kobold: „Die ist zwar fast so klein wie ich, aber ich fühl mich doch viel wohler in meiner Koboldhaut. So wie eine Kröte, so nass und glitschig, will ich nun wirklich nicht aussehen."

Also dachte er sich: „Gut, dass ich keine Kröte bin. Aber auch eine Kröte findet immer etwas zu essen, genauso wie die Fische. Sie muss sich nur auf die Lauer legen und schon kommt eine leckere Fliege vorbeigeflogen, die sie fangen kann. Aber ich? Wenn ich mich nur so auf die Lauer lege und warte, kommt bestimmt kein Apfel oder eine Banane herbeigeflogen, von der ich satt werden kann. Da haben es die Tiere doch wirklich viel schöner", dachte sich der Kobold. Als er den Fischen eine Weile zugesehen hatte, bemerkte er, wie ein Fischer mit einer Angel den Weg am Bach heraufgelaufen kam. „Oh liebe Fische, schwimmt schnell weg, damit euch der Fischer nicht fangen kann", rief der Kobold. Er sprang auf und stampfte mit den Füßen auf den Boden, sodass die Fische erschrocken davonschwammen und sich versteckten. „So, das hast du gut gemacht", lobte er sich selber. Denn der Fischer kann jetzt keine Fische fangen, die sind ja alle weggeschwommen.

Aber er hatte nicht mit der List des Fischers gerechnet. Der nämlich wusste genau, wo sich die Fische bei Gefahr verstecken und so war es für ihn ein Leichtes, sie zu fangen. Als er aber die kleinen Fische in seinem Netz zappeln sah, sagte er:

„Mei, die sind ja noch so klein, die lass ich wieder frei, damit sie noch größer werden können, dann komm ich wieder." Gesagt, getan, der Fischer ließ alle Fische wieder frei. Sie schwammen vergnügt davon.

Hm, dachte sich der Kobold. Vielleicht ist klein doch besser als groß. Wenn ich groß bin, ist das Leben doch viel gefährlicher. Alle wollen dann die Fische jagen und die großen Menschen haben sicher auch ihre Feinde. Aber da irrt sich der Kobold gewaltig. Nicht alle großen Lebewesen haben Feinde. Die meisten Menschen und großen Tiere haben viel Freude in ihrem Leben. Hauptsache, sie haben etwas zu essen und liebe Menschen oder Tiere um sich herum, mit denen man spielen und rumtollen kann. Die erwachsenen Menschen können ja lachen oder singen und sich Witze erzählen. „Aber wenn man eben Hunger hat, macht halt nichts so richtig Spaß", dachte sich der kleine Kobold.

Plötzlich bog um die Ecke des Weges eine alte Frau mit einem Leiterwagen, der über und über voll von köstlichstem Obst und Gemüse war. Die alte Dame blieb genau bei dem kleinen Kobold stehen und fragte ihn, ob er denn etwas zu essen haben möchte. Sie hatte ja so viel davon und bis zum nächsten Markt, wo sie alles verkaufen wollte, war es ja noch so weit. Wenn der kleine Kobold etwas davon zu essen haben möchte, könne er sich gerne bedienen. Dann wäre der Wagen nicht mehr so schwer, und es fiele ihr dann leichter, den Wagen zu ziehen. So nahm sich der Kobold reichlich zu essen. Als er satt war, fragte er die alte Frau, ob er ihr nicht helfen solle, den Wagen zu ziehen, damit sie es leichter in die nächste Stadt hätte. Dankend nahm die Frau das Angebot an, und so machten sie sich zusammen auf den Weg.

In der Stadt angekommen, wuselte es nur so von Menschen. Der kleine Kobold kam sich ganz elend vor und hatte Angst, getreten und geschubst zu werden, weil er so leicht zu übersehen war. Das bemerkte die alte Dame und rief dem kleinen Kobold zu: „Komm auf meine Schulter, da hast du eine viel bessere Aussicht und du musst dann auch keine Angst vor den großen Menschen haben", sagte sie. Jetzt kamen sie auf den Marktplatz. Dort gab es noch mehr Menschen und alle liefen kreuz und quer, um sich hier und da etwas von den Marktständen zu kaufen. Die alte Dame fand mit ihrem Leiterwagen noch einen schönen kleinen Platz, wo sie ihre Waren anbieten konnte. Bald war alles verkauft und die Geldbörse der alten Frau war prall gefüllt.

Da kamen plötzlich wie aus dem Nichts zwei Räuber und wollten ihr das mühsam verdiente Geld wieder abnehmen. Das bemerkte der kleine Kobold und biss dem einen Räuber so heftig ins Bein, dass der erschrocken die Geldbörse fallen ließ. Mit einer schnellen Handbewegung fing der andere Räuber darauf den kleinen Kobold ein und fesselte ihn. So konnten die Räuber in Ruhe die volle Geldbörse wieder aufheben und sich davonschleichen. Die anderen Marktbesucher hatten von dem Vorfall nämlich nichts bemerkt, weil die Kröte, die heimlich auf dem Leiterwagen mitgereist war, die Menschen abgelenkt hatte. So konnten die Männer mit der Beute unbemerkt verschwinden.

„Aber was soll das jetzt?", dachte sich der kleine Kobold. Die olle Kröte, nicht nur hässlich, sondern auch gemein, weil sie den Räubern geholfen hat. Aber die Kröte hatte von alledem gar nichts mitbekommen. Sie war nur wie immer auf der Suche nach etwas Essbarem. Da sie ja kein Gemüse und kein Obst mag, war sie sehr hungrig geworden und sprang so vom Gemüsestand zum Fischstand, vom Fischstand zum Honighändler, vom Honighändler wieder zum Gemüsestand der alten Frau. Die Menschen auf dem Markt verfolgten die Kröte und wollten sie fangen. Manche Frauen kreischten vor Ekel. Aber das wirklich Gefährliche, die Räuber, sah keiner. Alle hatten sie irgendwie Angst vor der kleinen, hässlichen, glitschigen Kröte.

„Das war aber komisch", dachte sich der kleine Kobold. Wenn die Menschen erst mal satt sind, dann fürchten sie sich vor Kröten und lassen die Diebe laufen. Dann aber hörten sie die Hilferufe der alten Frau und bald waren die zwei Räuber gefangen und die Beute wieder zurück zur alten Dame gebracht. „So ist das", dachte sich der Kobold, „man darf klein sein, man darf Hunger haben, aber hässlich sein, das darf man nicht. Da spielen sonst die ganzen Menschen verrückt. Gut, dass es keine hässlichen Kobolde gibt", dachte er sich und rieb sich seine müden Augen. „Für heute hab ich genug erlebt." Er kuschelte sich in die warme Decke auf dem Leiterwagen bei der lieben alten Frau und schlief ein.

Euch, liebe Kinder, nun auch eine gute Nacht und ganz viele schöne Träume. ⟨✕✕⟩

Melanie Wirth aus Kammlach

RITTER LANZESCHROTT

Es lebte einmal vor langer, langer Zeit (so fangen schließlich alle Märchen an) in einem weit entfernten Land Namens Kammelot ein Ritter, der Lanzeschrott hieß. Eigentlich hat er die Bezeichnung Ritter überhaupt nicht verdient, denn er war wie man bei uns sagen würde „a rechter Hundling" beziehungsweise ein Tunichtgut.

Als er wieder einmal mit seinem Knappen Xaver auf der Suche nach einem neuen Abenteuer durch die Lande streifte, entdeckten sie Prinzessin Kunigunde von Was bin ich schön.
„Ja Xarre schau mal, wen haben wir denn da? Komm, wir schnappen uns die ausgebüchste Prinzessin und kassieren vom König den Finderlohn", sagte Lanzeschrott. Xaver antwortete:

„Hehehe Schrotti, des isch a super Idee, unsere Geldsocke isch sowieso scho wieder leer." Plötzlich verfärbte sich der Himmel blutrot, es blitzte und die Luft wurde unsagbar heiß. „Wooooooaaaaaaaa!!!!" – ein donnernder Schrei erfüllte die Luft. „Oh nein, oh nein, ich hab doch so eine riesen Angst vor...", rief der Knappe und zitterte wie Espenlaub. „Adalbert-Wendelin, mein alter Feind!", schrie Lanzeschrott. Im gleichen Augenblick packte Adalbert die Prinzessin und trug sie mit sich fort. Kunigunde konnte gerade noch ein gelangweiltes „Hilfe, Hilfe" ausstoßen. Warum gerade ein gelangweiltes? Naja, ihr größtes Hobby war eben, sich entführen zu lassen. Ganz oben auf ihrer Kidnappingliste stand: Mich von einem Drachen fangen lassen.

Die beiden Gesellen machten sich auf den Weg zur Höhle des Drachen. Der Aufstieg zum Gipfel des Guggenberges war lang, gefährlich und sehr anstrengend. Aber nach zehn Minuten und elf Sekunden war die Tortur vorbei – endlich standen sie vor dem Höhleneingang. Lanzeschrott blickte auf ein Schild. „He Xarre, was steht denn auf der Tafel, ist das etwa ein heimtückischer Zauberspruch, der uns in stinkfüßige Schnorchelpatscher verwandeln soll?" „Hmm, wart a moal." Xaver begann zu lesen. Nach einer Weile sagte er: „Naa, mir sollat bloß unsere Schuah ra doa!" So zogen beide ihre Stiefel aus und traten in die blitzeblank geputzte Höhle ein. Was? Ihr habt noch nie einen Drachen mit Putzfimmel gesehen? Dann kennt ihr aber nicht den Drachen Adalbert!

„Adalbert, zeige dich und kämpfe mit mir! Ich will die holde Kunigunge von Was bin ich schön aus deinen Pranken befreien!" Aus dem Inneren hörten sie ein leises, schlurfendes Geräusch auf sich zu kommen. Da sahen sie es, es war: „Prinzessin Kunigunde!?", riefen die beiden ungläubig. Tatsächlich, dort stand sie vor ihnen, in ihren rosa Plüschpantoffeln und schimpfte: „Saperlot und Heideblitz nochmal, was schreit ihr denn hier so rum? Also wirklich, schämt's euch!" „Ja, ja, aber, aber... wir wollten dich doch aus dem Kerker befreien", stammelte Lanzeschrott. Die Prinzessin antwortet: „Pffff, mich braucht man doch nicht zu befreien, das mach ich schon selber! Außerdem gibt's hier überhaupt keinen Kerker, höchstens eine Dachterrasse. Auf der sitzen wir auch grad und grillen."

Lanzeschrott schaute verdutzt drein und verstand die Welt nicht mehr. Grillen? Dachterrasse? Xaver merkte jetzt erst, dass er einen Bärenhunger hatte und meldete sich zu Wort: „Also i hätt nix gegen a guats Steak!" „Keine Steaks, nur gegrilltes Gemüse. Unser Adalbertchen ist doch Vegetarier!", antwortete Kunigunde. Diese Aussage gab Lanzeschrott den Rest, und er vergaß ganz, dass er und der Drache eigentlich Feinde waren. So saßen die vier viele Sommer auf der Terrasse zusammen und redeten über Gott und die Welt. Und wenn sie nicht gestorben sind, dann grillen sie noch heute... – Ende, Gelände – ◇✕◇

Elfriede Loy aus Dasing

DER UNGLÜCKLICHE FROSCHKÖNIG

Weißt du, dass es nicht nur bei den Menschen Könige gibt, sondern auch bei den Tieren – zum Beispiel Froschkönige? Nur, die Froschkönige kommen mit einer goldenen Krone auf dem Kopf zur Welt. Die können sie ihr ganzes Leben lang nicht abnehmen. Sie ist am Kopf festgewachsen. Sie glitzert und funkelt bei Tag und Nacht in den schönsten Farben. Der Froschkönig könnte ein glücklicher Froschkönig sein, denn er ist der Schönste und Beste, und sein Froschvolk liebt ihn über alles! Ja, wenn da die Menschen nicht wären! Die Menschen jagen und hetzen den Froschkönig; sie wollen ihn fangen. Für die Menschen, die einen Froschkönig gefangen und in ein Glas gesteckt haben, bedeutet es ein Leben lang Glück, Reichtum und Gesundheit.

Der Frosch Blasius war so ein schöner Froschkönig mit einer herrlichen Krone auf dem Kopf, die weit über sein ganzes Froschreich funkelte. Seine Untertanen liebten ihn sehr. Er hätte glücklich und zufrieden sein können, wenn da nicht die Menschen gewesen wären, um ihn zu fangen und in ein Glas zu stecken. So saß Blasius, der Froschkönig, auf einem Blatt in seinem Froschteich und weinte ganz dicke, große Tränen. Er war müde und wollte nicht mehr gejagt werden. Er wollte nur ein gütiger König für sein Volk sein und in Ruhe und Frieden mit ihm leben. So war er ganz in seinem Schmerz versunken und merkte nicht, daß der Teich durch seine Tränen immer größer wurde. Der Teich schwoll an und das Wasser schwappte bereits über die Ufer und stieg und stieg. Da rissen ihn aufgeregte Stimmen aus seiner Traurigkeit: „Hör auf! Halt ein! Was machst du? Wir ertrinken! Unser schönes Haus, hör auf, hör auf!"

Der Froschkönig, der ganz in seinen Schmerz versunken war, sah verwundert auf. Da stand am Ufer ein großes Ameisenvolk und war ganz aufgeregt. „Mit deinen Tränen schwemmst du unsere ganze Ameisenstadt in den Teich und wir müssen alle ertrinken. Kannst du nicht mit dem Weinen aufhören?" „Das würde ich gerne machen", sagte der Froschkönig, „aber ich bin so unglücklich, dass ich bestimmt gleich wieder mit dem Weinen anfangen werde. Und ich kann gar nichts dagegen tun." „Was macht dich denn so unglücklich?", fragten die Ameisen immer noch sehr aufgeregt. „Vielleicht können wir dir helfen", murmelten sie voller Mitgefühl. Sie suchten sich ein trockenes Plätzchen und ließen sich nieder. Der Froschkönig hüpfte mit einem großen Sprung auf ein neues Blatt im Teich, das näher bei den Ameisen war, und fing mit leiser und zittriger Stimme an, die Geschichte seines Lebens zu erzählen. Die Ameisen lauschten alle ganz andächtig der traurigen, müden Stimme des Frosches und so manche Ameise verdrückte heimlich ein Tränchen. Sie mussten sich sehr zusammennehmen, denn auch die Ameisentränen ließen das Wasser im Froschteich ansteigen. Sie sorgten sich um ihre Ameisenstadt, die durch das Wasser in Gefahr war.

„Nun", sagte der Froschkönig, „wisst ihr, warum ich so traurig bin und mit dem Weinen nicht aufhören kann! Es tut mir leid, dass ich eure schöne Ameisenstadt in Gefahr gebracht habe. Ich werde mir einen anderen Ort aussuchen und weiterweinen!" Die Ameisen, die durch die Geschichte des Frosches traurig waren, bewegten sich plötzlich sehr heftig. Sie diskutierten, beratschlagten, stellten Pläne auf und verwarfen sie wieder und wussten nicht, wie sie dem armen Froschkönig helfen könnten.

„Ja, wenn wir mit den Menschen reden könnten, dann würden sie bestimmt aufhören, den Froschkönig zu fangen. Aber sie verstehen unsere Sprache nicht. Ich glaube nämlich nicht, dass die Menschen so böse sind und das nicht einsehen werden. Aber sie verstehen uns nicht", sprach die Ameisenkönigin.

Ja, da war guter Rat teuer. Die Ameisen wollten so gerne helfen, aber wie? Da kam einer kleinen Ameise die Idee. Sie stieg auf einen Kieselstein, damit sie alle sehen konnten und fing an zu reden: „Meine lieben Mitbürger! Wir sind uns einig, dass wir dem Froschkönig helfen wollen und müssen, aber wie? Wir werden das arbeitende Volk genannt, weil wir so fleißig sind. Wir können dem Froschkönig nur durch Arbeit helfen. Wir tun das, was wir können. Wir tragen die Goldkrone Millimeter für Millimeter ab. Der Froschkönig ist sie los und kein Mensch weiß mehr, dass er ein König ist und er wird in Ruhe leben können."

Das Ameisenvolk war begeistert von diesem Vorschlag. Es klatschte unternehmungslustig in die Hände und fing an zu tanzen. In dem allgemeinen Trubel hat keiner gemerkt, dass der Froschkönig traurig forthüpfte. Die Ameisen schauten sich um. Bald hatten sie ihn entdeckt, denn seine schöne Krone glitzerte schon aus der Ferne. Sie machten sich auf den Weg zum

Froschkönig. Als sie dort ankamen, war dieser vor Erschöpfung eingeschlafen. Das riesige Ameisenvolk fing an, die Goldkrone abzutragen. Es meißelte, sägte und feilte so lange an der Krone, bis nichts mehr auf dem Kopf des Froschkönigs funkelte. Als dieser erwachte, hatte er keine Krone mehr auf dem Kopf. Er bedankte sich bei den Ameisen und hüpfte glücklich und zufrieden zu seinem Volk, das ihn auch ohne Krone sehr liebevoll aufnahm.

Das Wasser im Teich hatte wieder seine normale Höhe erreicht und die Ameisenstadt war nicht mehr in Gefahr. Aber wenn es frisch geregnet hatte und die Sonne durch die Weidenblätter auf die Ameisenstadt schien, funkelte und glitzerte diese, als wäre sie aus purem Gold und Edelsteinen. ◇✕◇

Rainer Bonhorst aus Diedorf

DIE ROSE UND DIE HEXE

Ein kleines Mädchen geht im Walde so für sich hin, um nichts zu suchen, das war sein Sinn. Am Wegesrand sieht das Mädchen eine Blume stehen. Eine sehr schöne Blume. Aber eine traurige Blume. Sie weint bitterlich. Das Mädchen beugt sich zu der Blume hinab und sagt: „Warum weinst du denn? Du bist doch eine so schöne Blume." Die Blume antwortet schluchzend, aber ziemlich frech: „Ich weiß, dass ich schön bin. Ich bin ja eine Rose. Alle Rosen sind schön. Aber traurig bin ich trotzdem." Das Mädchen sagt freundlich: „Ja, warum denn? Warum bist du so traurig, dass du weinen musst?" Die Blume sagt: „Mein Name ist schuld daran." Das Mädchen wundert sich: „Dein Name? Also, ich heiße Rosemarie. Wie heißt du denn?" Da schluchzt die Rose ganz herzerweichend auf. Dann flüstert sie fast unhörbar: „Rosa hmhmhmhm." Das Mädchen fragt: „Hmhmhmhm?

Das glaub ich nicht. Wie heißt du wirklich?" Die Rose flüstert noch einmal: „Rosa hmhmhmhm." Das Mädchen sagt: „Hm. Das ist doch kein Name. Das ist doch nur ein Geräusch."

Da holt die Rose ganz tief Luft, schluchzt noch einmal auf und sagt: „Rosa Runkelrübe." Das Mädchen muss lachen und sagt: „Rosa Rumpelrübe? Das ist aber ein komischer Name." „Runkelrübe", sagt die Rose beleidigt, „nicht Rumpelrübe." Das Mädchen sagt: „Rumpel oder Runkel – komisch ist der Name auf jeden Fall." Die Rose sagt traurig: „Ich weiß. Ein blöder Name. Ich hasse ihn." Das Mädchen sagt: „Wie bist du denn an diesen komischen Namen gekommen?" Die Rose antwortet: „Das sag ich nicht." Das Mädchen fragt: „Warum denn nicht?" Die Rose beugt ihre Blüte zum Boden hin und flüstert: „Weil es mir peinlich ist." Das Mädchen antwortet: „Das muss dir doch nicht peinlich sein. Vielleicht kann ich dir ja helfen."

Da sagt die Rose: „Eine böse Hexe hat mir den Namen gegeben. Zur Strafe." Das Mädchen fragt: „Zur Strafe? Was hast du denn angestellt?" Die Rose flüstert beschämt: „Ich hab die Hexe ausgelacht, weil sie so hässlich war." Das Mädchen schüttelt den Kopf: „Das war aber nicht nett." Die Rose sagt traurig: „Ich weiß.

Aber ich war so stolz, weil ich so schön bin. Und dann kam diese alte Hexe mit einer Warze auf ihrer langen Nase. Da musste ich einfach lachen." Das Mädchen sagt: „Und dann hat sich die Hexe gerächt." „Ja", antwortet die Rose, „die Hexe hat gesagt: ‚Ich habe eine hässliche Nase und du sollst einen hässlichen Namen haben. Du sollst Rosa Riesenzinken heißen.'" Das Mädchen staunt: „Rosa Riesenzinken?" Die Blume sagt: „Ja. Fürcherlich, oder? Ich hab die Hexe angefleht: ‚Ach bitte, bitte, liebe Hexe. Nicht Riesenzinken. Bitte nicht.' Da hat die Hexe gesagt: ‚Also gut, wenn dir Riesenzinken nicht gefällt, dann heißt du eben Rosa Rübenzottel.'" Die Rose erzählt weiter: „‚Rübenzottel?', hab ich da gesagt, ‚das ist ja genauso schlimm wie Rosa Riesenzinken. Bitte, bitte, gib mir einen anderen Namen.' Da sagte die Hexe: ‚Du bist aber hartnäckig. Also gut. Du sollst Rosa Rumpelbeutel heißen.' Da fing ich an zu weinen: ‚Rumpelbeutel ist ja noch schrecklicher als Rübenzottel und Riesenzinken.' Da sagte die Hexe: ‚Langsam verliere ich die Geduld mit dir. Hier ist mein letztes Angebot. Rosa Runkelrübe. Und dabei bleibt es.' Und dann", erzählt die Rose, „ist die Hexe im Wald verschwunden."

„Arme Rose", sagt das Mädchen. „So eine schöne Blume und so ein blöder Name." Da muss die Rose wieder bitterlich weinen. Das Mädchen sagt zu ihr: „Tut es dir denn leid, dass du die Hexe

ausgelacht hast?" Und die Rose sagt: „Ja, sehr." Das Mädchen sagt: „Dann entschuldige dich doch bei ihr." Die Blume jammert: „Das würde ich ja gerne tun. Aber sie ist verschwunden." Das Mädchen fragt: „Würdest du die Hexe denn wirklich und ehrlich um Verzeihung bitten, wenn sie da wäre?" Die Rose versichert unter Tränen: „Ganz wirklich und ganz ehrlich."

In diesem Augenblick tritt plötzlich zwischen den Bäumen die Hexe hervor. Sie schaut der Rose tief in die Augen, reibt sich ihre Warzennase und sagt: „Na, Rosa Runkelrübe, du hast einen unglücklichen Namen, aber du bist trotzdem ein Glückskind." „Ich? Ein Glückskind?", sagt die traurige Blume. „Ja", sagt die Hexe, „ein Glückskind. Denn du hast ein Mädchen gefunden, das dich dazu gebracht hat, mich wirklich und ehrlich um Verzeihung zu bitten. Damit bist du von meinem Fluch befreit. Das Mädchen, dem du dein Herz ausgeschüttet hast, darf dir jetzt einen neuen Namen geben."

Da sagt die Blume zu dem Mädchen: „Liebes Mädchen, ich wünsche mir so sehr einen schönen Namen." Das Mädchen sagt: „Den sollst du haben. Ich nenne dich Rosa bella. Die schöne Rose." Da freut sich die Rose und jubelt: „Rosa bella! Ein wunderbarer Name. Jetzt bin ich eine glückliche Rose." Und

die Hexe sagt: „Du bist sogar ein Glückspilz. Denn du hast jetzt außerdem noch einen Wunsch frei." Die Blume denkt einen Augenblick nach und dann sagt sie: „Arme Hexe, ich wünsche mir, dass du nicht so hässlich bleibst und eine schöne neue Nase bekommst." Da setzt sich ein Schmetterling, der die ganze Zeit zugehört hat, auf die Nase der Hexe. Und wie durch ein Wunder verschwindet die Warze, die Nase wird kleiner und feiner, bis sie aussieht wie die von Kleopatra bei „Asterix in Ägypten".

Der Schmetterling fliegt fröhlich davon; die Hexe läuft glücklich zum Bach, der in der Nähe fließt, und schaut sich begeistert ihr schickes neues Näschen an; die Blume singt leise vor sich hin: „Rosa bella, Rosa bella, Rosa bella…" Und das Mädchen geht heiter summend weiter im Walde so für sich hin. – Und ihr schlaft jetzt schön. ◇✕◇

Reinhold Maier aus Gersthofen

BELLULINA UND DIE BLAUBEERSEUCHE

Es war einmal eine wunderschöne Prinzessin im Lande Traumatien, die war so hübsch und so freundlich und so klug, dass
sie der Liebling des ganzen Landes und besonders ihres Vaters
war. Der König hing sehr an ihr. Seine Frau, die Königin, war
bei der Geburt der Prinzessin gestorben und so war das Mädchen seine ganze Liebe. Die Prinzessin liebte es, die Burg über
die Zugbrücke zu verlassen, den gewundenen Weg hinunter-
zueilen und in den weiten Gärten durch Büsche und Gehölze
und über die satten Wiesen zu laufen. „Alles darfst du, mein
Kind, alles", pflegte ihr Vater zu sagen, „nur iss bitte nichts von
den Kräutern, Beeren und Pilzen, die du nicht kennst!" Wenn
er nicht gerade regieren musste – und das musste er nicht oft,
da die Leute in Traumatien alle sehr nett und zufrieden waren
und nicht nur auf sich selber schauten wie die Leute in anderen
Staaten – so saß er in der obersten Stube des mächtigen Burg-
frieds und sah seiner Tochter bei ihrem lustigen Treiben zu.

Eines Tages aber konnte er dies leider nicht tun. Boten von den fernen Grenzen seines großen Reichs berichteten ihm, dass die Bewohner des Nachbarreiches Hesperonien, das berühmt für seine goldenen Äpfel war, die nur dort an den Bäumen wuchsen, die Grenze zu Traumatien geschlossen hatten. Die Leute des Königs, die dort Wache hielten, hatten sie als arme Schlucker verspottet, deren König nur Träume, aber kein Gold besaß. Dumm seien sie, und die Armee von Hesperonien werde bald in Traumatien einmarschieren, es sei denn, es fände sich wenigstens ein Traumatier, der schlauer sei als sie. Aber das sei wohl lächerlich.

Es stimmte, dass der Reichtum des Königs von Traumatien nicht als goldene Äpfel auf den Bäumen wuchs und dass in seinen Kellern keine Schatztruhen mit Edelsteinen standen. Der Reichtum des Königs bestand darin, dass er alle Worte,

Gedanken und Träume seiner Untertanen in den Büchern niederschrieb, die er in seiner Turmstube sammelte. Und da alle Untertanen sprachen, dachten und träumten, hatten auch alle gleich viel von diesem Reichtum und waren deshalb sehr zufrieden – anders als die Hesperonier, bei denen Streit und Missgunst an der Tagesordnung waren, weil jeder prahlte, dass in seinem Garten die größeren goldenen Äpfel an mehr und ausladenderen Goldapfelbäumen wüchsen. Nachts schlichen sie sich in ihre Keller und zählten die sorgsam gespeicherten Goldäpfel und bewachten sie, denn sie lebten in ständiger Angst, dass jemand sich in der Dunkelheit hereinschleichen und einen Apfel stehlen könne. Und tatsächlich gab es sogar Nachbarländer, die Krieg um die Goldäpfel geführt hätten, wenn Hesperonien nicht selbst so mächtig gewesen wäre. Nur die Menschen aus Traumatien hatten sich noch nie für die Äpfel interessiert, weshalb die Hesperonier sie verächtlich „Traumäpfler" nannten.

Ja, und nun musste der König mit seinen engsten Beratern überlegen, wie man mit den schlimmen Nachrichten umgehen sollte, die seine Boten gebracht hatten, er musste also regieren! Und so bemerkte er nicht, wie Bellulina in einen ihr bisher unbekannten Teil des Gartens kam, in dem viele niedere Sträucher standen, an denen lauter dunkelblaue Beeren wuchsen. „Das sind doch Blaubeeren!", dachte sie begeistert, denn die kannte sie aus der Küche. Und immer, wenn die Köchin Blaubeeren hatte, bekam Bellulina Blaubeereis, und das war ihre

Lieblingsspeise! Sie dachte an Vaters Worte: „… von den Pilzen, Kräutern und Beeren, die du nicht kennst." Diese kannte sie ja, es waren eben Blaubeeren! Sie schmeckten auch wie Blaubeeren, oder so ähnlich, vielleicht nicht gaanz so gut, nicht gaaanz so süß, nicht gaaaanz so wie Blaubeeren, niicht gaaaaanz sooo wiiieee Bllllllllllllll….lll…ll…l…

Währenddessen besprach der König mit seinen Ministern, dass man den klügsten Menschen von Traumatien nach Hesperonien entsenden solle, damit er sich mit den Hesperoniern messe und den unheilvollen Krieg abwende. „Die haben nur Gold im Kopf!", meinte der Hofmarschall, „deine Untertanen dagegen denken viel. Es wird ein Leichtes sein, einen Traumatier zu finden, der klüger ist als sie alle zusammengenommen!" Der König war erleichtert, ordnete an, man solle überall verkünden, dass ein kluger Tapferer gesucht werde, der Traumatien im Klug-heitswettstreit mit Hesperonien vertreten solle. Dann stieg er hinauf in die Turmstube und spähte aus dem Fenster. Als er sei-ne Tochter nirgendwo sah, machte er sich Sorgen und klingelte nach einem Diener. Er ordnete an, man solle den gesamten Park und alle Gärten durchsuchen.

Ein paar Dienerinnen fanden Bellulina leblos mitten in den niedrigen Sträuchern, von deren Früchten sie gegessen hatte. Man stellte fest, dass sie noch atmete und trug sie rasch in die Burg. Der König war außer sich und befahl, sie ins Bett zu le-gen und den königlichen Leibarzt zu holen und alle Ärzte, die in der Königsstadt wohnten. Das waren nicht wenige, nicht et-wa, weil die Traumatier so oft krank waren, sondern weil sie so viel dachten, da dachten sie auch immer wieder, sie seien krank. Den Ärzten war das recht, denn sie verdienten gut dabei.

Binnen einer Stunde hatten sich alle Ärzte um die wie tot dalie-gende Prinzessin geschart, und nach einer weiteren Stunde hat-ten sie schon herausgefunden, dass sie Gott sei Dank gar nicht tot war, sondern nur bewusstlos, und bereits nach weiteren zwei Stunden wachte die Prinzessin aus ihrer Ohnmacht wieder auf und begann, über fürchterliche Bauchschmerzen zu klagen. Der König nahm die weinende Bellulina in den Arm und fragte: „Meine Tochter, hast du etwas Unrechtes gegessen?" Sie konnte vor Schmerzen nur nicken und musste gleich husten. Da sah der König, dass sie eine ganz blaue Zunge hatte, und fragte: „Hast du in der Küche Blaubeeren genascht?" Sie schüttelte den Kopf und lallte matt: „Im Garten, mein Vater!" Der königliche Leibarzt machte ein ernstes Gesicht, steckte mit allen anderen Kollegen die Köpfe zusammen und hob dann vorsichtig ein Augenlid der Patientin. „Blau!", rief er, „sehen Sie, meine Kollegen, wie ich es ihnen gesagt habe! Blau!" Und da nickten alle Ärzte bestürzt und mit ernsten Mienen und brummelten lateinische Wörter in ihre Bärte und sahen sehr besorgt drein.

Der königliche Leibarzt wandte sich an den unglücklichen Vater und erklärte leise: „Mein König, ganz ohne Zweifel hat die hochwohlgeborene Prinzessin versehentlich Rauschbeeren gegessen und sich dabei mit der Blaubeerseuche angesteckt! Oh, mein König, es ist schrecklich! Diese Krankheit führt unweigerlich binnen genau drei Tagen zum Tode. Es sei denn, man gibt der Erkrankten eine Medizin aus hesperonischen Goldäpfeln. Aber Majestät wissen ja, wir haben keine solche Äpfel und die Hesperonier…" Der König rang verzweifelt die Hände. „Gibt es keine andere Medizin?" „Keine", antwortete der Leibarzt düster.

Die Diener flüsterten die Nachricht weiter, und alsbald hob in der Burg, dann in der Stadt, schließlich im ganzen Land großes Wehklagen an. Gern hätten alle gespendet, um wenigstens einen Goldapfel in Hesperonien kaufen zu können, aber für Gedanken kann man kein Gold kaufen, und die hochmütigen Hesperonier hätten ihnen sicher nicht einmal dann einen Apfel verkauft, wenn sie ihn hätten bezahlen können.

Nur ein Traumatier verschwendete sein Denken nicht nur an Jammern, und das war der junge und starke und kluge Prinz Sowiso, der schon oft von fern die Prinzessin beobachtet hatte. Zweifellos hatte er sich in sie verliebt, aber er war eben auch nur ein armer Prinz. Nun aber fasste er sich ein Herz und verlangte, beim König vorgelassen zu werden. Und da der König in seiner Trauer und Verzweiflung nicht weiterwusste, ließ er ihn kommen,  um ihn anzuhören. „Mein König!", rief der Prinz, „gebt mir ein schnelles Pferd und ich werde versuchen, einen Goldapfel zu erobern oder zu sterben!" Der König war gerührt, und obwohl er nicht an den Erfolg dieses zwar klugen, aber doch jungen und unerfahrenen Prinzen glauben konnte, befahl er, sein schnellstes Pferd, den Schimmel Windeseil, zu satteln. Und er versprach dem Prinzen, dass das Pferd und die Hand der Prinzessin sein werden würden, wenn er einen Goldapfel bringen könnte. Prinz Sowiso sprang auf und preschte davon. Wenn man Windeseil das Wort „Flieg!" ins linke Ohr flüsterte, sauste das Pferd so schnell dahin, dass seine Hufe den Erdboden höchstens noch alle einundzwanzigeinhalb Meter berührten.

Es dauerte daher nur einen halben Tag, bis Prinz Sowiso auf Windeseil das große Reich Traumatien durchquert hatte. Normale Pferde brauchten dafür eine Woche! Am Grenzfluss Trennta stand er nun und ließ das Pferd trinken und verschnaufen. Er beobachtete den Grenzposten von Hesperonien auf der anderen Seite der Brücke. Der Schlagbaum war zu. Es gingen Wachen mit Schwertern und goldenen Helmen auf und ab. „Die lassen Euch nicht hinein, Prinz, die töten Euch!", sagten ihm die Wachen auf der Seite von Traumatien. Aber was war Sterben gegen sein Verlangen, Bellulina zu retten?

Als sich Windeseil erholt hatte, stieg Prinz Sowiso wieder auf und trabte langsam über die Brücke. „He, seht mal da, ein Traumäpfler! Wollen wir ihn pflücken?", rief einer der Wachen, und die andern lachten und zogen ihre Schwerter. „So dumm kann doch nicht mal ein Traumäpfler sein, dass er sich allein zu uns rübertraut!", staunte ein anderer. Als der Prinz nahe genug heran war, rief er ihnen zu, er habe eine wichtige Nachricht an ihren Hauptmann zu überbringen. Da holten sie ihren Hauptmann aus dem Wachgebäude, einen dicken Mann

in goldbestickter Uniform, mit goldenen Sporen und einem goldenen Schwert, und als er den Prinzen schief angrinste, glänzten mindestens drei Goldzähne in seinem Mund. „Na, Traumäpfler", näselte der Hauptmann von oben herab, „lässt uns dein König sagen, dass er sich unterwirft und wir schon kommen sollen?" Er gab ein Zeichen, die Wachen öffneten den Schlagbaum und ließen den Prinzen durch. Prinz Sowiso hielt das Pferd vor dem Hauptmann an und stieg nicht ab, sondern sagte: „Meine Botschaft, Hauptmann, ist die: Ihr mögt das reichste Land der Erde sein und das meiste Gold der Welt besitzen, aber das wird euch nicht helfen, mich zu fangen, denn ich habe das schnellste Pferd der Welt. Bis später!" Mit diesen Worten gab er dem Schimmel die Sporen, dass dieser einen großen Satz tat, beugte sich dabei vor und flüsterte „Flieg!" in sein linkes Ohr. Und bevor der verdutzte Hauptmann und seine verdatterten Soldaten auch nur kapiert hatten, was geschah, sahen sie nur noch eine Staubwolke am Horizont.

„Alarm!", brüllte nun der Hauptmann und wenige Minuten später machte sich ein Trupp von fünfzehn Reitern an die Verfolgung. Wenn die gewusst hätten, was Windeseil für ein fantastisches Pferd war, hätten sie es erst gar nicht probiert! Selbst als es Nacht wurde, wurde das Tier nicht müde, sondern lief mit unverminderter Geschwindigkeit weiter, so, als wisse es ganz genau, dass es um das Leben der armen Prinzessin Bellulina ging.

Sie mussten bis fast in die Mitte Hesperoniens reiten. Die goldenen Äpfel nämlich wuchsen nicht überall im Lande, sondern nur in den Gärten der Hauptstadt, wo der Boden besonders goldhaltig war. Gegen Morgen erreichten sie die Hauptstadt Hesperia.

In den Häusern und Gärten regten sich schon die Leute. Prinz Sowiso ritt direkt auf den Marktplatz, auf dem die goldenen Äpfel gehandelt wurden. Hoffentlich erkannte ihn hier niemand als Traumatier, sonst war sein Leben keinen Pfifferling wert! Er band Windeseil im Schatten eines Hauses an und grübelte, wie er den Hesperoniern wohl, ohne zu bezahlen, ein paar Goldäpfel abluchsen konnte.

Während er so nachdachte, erklangen Fanfaren. Er stieg wieder auf sein Pferd, um so besser sehen zu können, was passierte. Und dann bogen kostbar geschmückte Pferde um die Ecke des Hauses, an dem er stand. Sie zogen eine Kutsche aus purem Gold. Und da alle Leute auf dem Markt sich tief verneigten, ward ihm klar, dass in der Kutsche nur König Aureo von Hesperonien sitzen konnte. Plötzlich hielt die Kutsche direkt vor ihm an und der König, in einen goldenen Mantel gekleidet und mit einer goldenen Krone auf dem Kopf, sprach ihn an: „Fremder, wo kommst du her und was ist deine Ware?"

Zum Glück lernten alle Traumatier, weil sie ja viel nachdachten, fremde Sprachen, und auch Prinz Sowiso sprach so fließend Hesperonisch, dass niemand ihn für einen Traumatier halten konnte, der ihn nicht kannte. Aber was sollte er antworten, welche Ware hatte er schon anzubieten außer seinen Gedanken und Träumen! Er hatte doch nur das Pferd Windeseil bei sich und – aber das war es doch, ja, da kam dem Prinzen, als Lohn seines vielen Nachdenkens, die rettende Idee. Er sagte: „Oh, mein König und Herrscher, ich bin aus den fernen Außenbezirken eures Reiches und ich bin hier, um diesen Schimmel meines Vaters feilzubieten!" „Das habe ich gehofft, mein Sohn!", antwortete der König wohlwollend. „Ich würde mich für dein Ross schon interessieren. Was willst du denn dafür haben?" „Mein Vater trug mir auf, das wertvolle Tier nur zu verkaufen, wenn man es mit mir im Sattel auf eine Waage stellen würde und die Satteltaschen mit Goldäpfel füllen würde, bis alles zusammen um ein Fünftel schwerer geworden sei. Die Äpfel seien dann der Preis!" „Ein angemessener Preis für dies Ross und ein schlauer Mann, dein Vater, mein Sohn!", lobte der König und befahl sogleich, man solle eine Karrenwaage holen und Ross und Reiter daraufstellen. Prinz Sowiso öffnete seine Satteltaschen. Auf einen Wink hin stieg der Schatzmeister des Königs aus der Kutsche und brachte drei große, schwere Goldäpfel heran, die er in die rechte Satteltasche steckte. Die Äpfel waren schwer, aber der Schatzmeister musste noch siebenundzwanzig weitere Äpfel bringen, bis die Waage das geforderte Gewicht anzeigte.

„Gut, mein Junge, dein Preis ist bezahlt, steig nun herab und nimm deine Taschen und gib mir das Pferd!", meinte der König, der wohl sah, was für ein außergewöhnliches Tier Windeseil war. Prinz Sowiso aber schloss die Satteltaschen und rief dem König zu: „Mein König, in ganz Hesperonien gibt es nicht genügend Goldäpfel, um dieses Pferd zu bezahlen, denn es ist wie ich, Prinz Sowiso, aus Traumatien. Und seid versichert, dass in Traumatien alle Menschen so schlau sind wie ich! Ich danke euch für die Gastfreundschaft!" Und er flüsterte dem edlen Tier das Zauberwort „Flieg!" ins rechte Ohr und jagte so schnell davon, dass der König den Mund noch offenstehen hatte, als er schon um die letzten Häuser des Marktplatzes preschte und verschwand.

Nun brach natürlich ein Höllenlärm los. Ein Traumatier hatte sich mitten in die Hauptstadt Hesperoniens gewagt und den König des mächtigen Landes übertölpelt! Der Kerl musste gefangen werden, koste es, was es wolle! Alles rannte, schrie und eilte durcheinander. Und erst nach einer Viertelstunde, als der Prinz schon einen ordentlichen Vorsprung hatte, jagten fünfzig Reiter auf den besten Pferden Hesperoniens hinter ihm her, denen der König gedroht hatte, er würde sie allesamt köpfen, wenn sie den Prinzen nicht fangen und zurückbringen würden. Der Prinz vertraute auf die Kraft seines Pferdes. Aber bald stellte er fest, dass weit hinten eine Reitergruppe auftauchte, die immer näher kam. Was war mit Windeseil los? Das Tier war nach dem anstrengenden Ritt nach Hesperia doch müde geworden und hatte besonders unter der Last des Goldes schwerer zu tragen als die frischen Pferde der Verfolger. Auf was er aber nicht kam, war, dass er ihm das Zauberwort in das falsche Ohr geflüstert hatte, wo es nicht wirkte! Die Soldaten des Königs von Hesperonien holten so schnell auf, dass die ersten schon ihre Schwerter zogen, weil sie ihn aus dem Sattel hauen wollten. In seiner Not nahm er einige Goldäpfel aus den Satteltaschen und schleuderte sie den Angreifern so fest entgegen, dass einige vom Pferd stürzten. Aber andere kamen an ihrer Stelle, und wieder musste er sich der wertvollen Wurfgeschosse bedienen. Er warf und traf und warf und traf, bis er plötzlich erschrocken feststellte, dass ihm nur noch drei Äpfel geblieben waren. Die waren aber doch für Bellulinas Heilung bestimmt! Was sollte er nur tun!?

Mittlerweile stand zu Hause in Traumatien der arme König am Bett seiner Tochter, die nur noch schwach atmete, und sah in tiefer Sorge auf die Sanduhr, die eine Dienerin immer wieder umdrehte. In der ganzen Burg, in der ganzen Stadt, im ganzen Land liefen die Leute in schwarzen

Gewändern herum und mit rotgeweinten Augen, grüßten sich mit den Worten „Gott rette unsre arme Prinzessin!" und zählten wie der König die Stunden. Auf den Zinnen des Burgturms stand ein Wächter, der nach dem Prinzen Ausschau hielt. Noch 24 Stunden und die liebliche Prinzessin Belllina würde sterben müssen. Die Hoffnung schwand.

Inzwischen war Windeseil, weil die Satteltaschen viel leichter waren, schneller geworden und hatte die Verfolger wieder ein klein wenig abgehängt. Sie waren ihnen aber noch immer dicht auf den Fersen, als dem Prinzen die Verfolger von der Grenze entgegenkamen! In höchster Not beugte er sich noch einmal vor und flüsterte das Zauberwort „Flieg!", und diesmal zufällig ins richtige, ins linke Ohr des Tieres! Und als die Häscher ihn schon fast packen konnten, tat Windeseil den wohl größten Sprung seines Lebens, einen Sprung, wie ihn nur ein echtes Traumpferd aus Traumatien schafft, und segelte in einem Satz über die Kriegsknechte hinweg und kam erst hinter ihnen wieder auf die Erde. Und weil die nicht so schnell bremsen konnten, krachten sie mit den anderen Verfolgern aus Hesperia so schlimm zusammen, dass die meisten von ihren Pferden fielen. Windeseil raste nun dahin und war bald so weit weg, dass man die Soldaten nur noch als kleine Ameisen in weiter Ferne sah.

Prinz Sowiso ritt und ritt, bis es dunkel wurde. Da beschloss er, sich und dem Tier eine kurze Pause zu gönnen, stieg in einem Wäldchen ab, nahm dem Pferd den Sattel vom Rücken und ließ es grasen. Im letzten Tageslicht aber sah er erschrocken, dass aus den offenen Taschen unterwegs noch ein Goldapfel gefallen sein musste und ihm nun nur noch zwei blieben, um sie seiner geliebten Bellulina zur Rettung zu bringen. Er legte den Sattel unter einen Baum, seinen Kopf darauf und schlief sofort ein.

Eigentlich hatte er nur ein oder zwei Stunden ruhen wollen, doch er war so erschöpft, dass er die ganze Nacht durchgeschlafen hatte. Windeseil schleckte ihn am Morgen wach. Prinz Sowiso rieb sich die Augen, sah, wie spät es schon war, und sah, dass Windeseil gerade auf etwas herumkaute: zu seinem

blanken Entsetzen war es ein Goldapfel. Sein Sprung und Griff nach dem Maul des Pferdes kamen zu spät, es schluckte den wertvollen Apfel gerade genüsslich hinunter. Prinz Sowiso sattelte das Tier, schloss sorgfältig die Tasche mit dem allerletzten Goldapfel, stieg auf und flüsterte das „Flieg!" ins linke Ohr von Windeseil, das darauf nur gewartet hatte, um wie ein Pfeil davonzuschießen.

Die beiden Wachsoldaten an der Grenze zu Traumatien sahen sich nur kurz an, als ein weißer Wirbelwind mühelos über ihren Schlagbaum fegte und auf der anderen Seite der Brücke verschwand, und einer von ihnen sagte zum anderen: „Ich habe wohl selbst geträumt und nicht grade den Traumäpfler auf seinem weißen Pferd vorbeifliegen gesehen, Kamerad?" Und der antwortete: „Wir kriegen langsam Wahnideen. Ich dachte es auch, dabei kann es nicht sein, weil ja unsere Leute hinter ihm in der entgegengesetzten Richtung her sind!" Und auch auf der Seite Traumatiens sagte ein trauriger Grenzsoldat zum anderen: „Stell dir vor, ich ersehne und erträume die Rettung unserer armen Prinzessin nun schon so stark, dass ich eben glaubte, Prinz Sowiso sei vor meinen Augen vorbeigeritten, dabei war es nur ein Windstoß!"

Der weiße feine Sand in der großen Sanduhr in der Königsburg rieselte immer genau eine Stunde lang, dann musste sie wieder umgedreht werden. Und als der König sah, dass die Dienerin sie am Abend wieder einmal umdrehte, wusste er, dass die Sonne untergegangen sein würde, bevor der Sand erneut verronnen ist. Bellulina atmete kaum noch. Der königliche Leibarzt zuckte bedeutungsschwer mit den Schultern. Da, auf einmal hörten sie den Schrei des Wächters vom Turm: „Mann in Sicht!" Bevor der König atemlos die Stufen heraufgekeucht kam, war Windeseil schon über die Zugbrücke gedonnert, und im Burghof fiel Prinz Sowiso aus dem Sattel. Mit letzter Kraft rannte er, den rettenden Goldapfel in der Hand, die Stufen zur Kammer der Prinzessin hinan, fiel vor dem heruntergeeilten König auf die Knie, hielt ihm den Apfel hin und konnte nur noch stammeln: „Rettet sie, rettet Bellulina!"

Die ganze Burg geriet in grenzenloses Durcheinander, Dienerinnen liefen, Ärzte riefen, Knechte pfiffen, Hoffnung breitete sich auf allen Gesichtern aus. Der königliche Leibarzt hielt ein scharfes Messer in der Hand, legte den Apfel sorgfältig genau in die Mitte eines kreisrunden Holzbrettes, setzte das Messer millimetergenau in der Mitte des Apfels an und wagte den Schnitt, um aus dem inneren Gold die rettende Arznei zu gewinnen. Das schärfste Messer des Reiches glitt erstaunlich leicht durch den Apfel – denn der Apfel war fast hohl. Im Inneren ringelten sich behaglich einige fette Goldwürmer!

Nun war der Jammer groß! Die Kunde von dem unerträglichen Unglück eilte in Sekundenschnelle überall hin, die Leute in der Burg, in der Stadt, im ganzen Reich zogen noch schwärzere Gewänder an und fielen sich weinend in die Arme. Der König raufte sich den weißen Bart und sagte zum Prinzen: „Mein Sohn, du hast alles gewagt und alles gewonnen und alles verloren!" Prinz Sowiso aber taumelte wie in einem Traum hinunter in den Burghof und zu Windeseil. Er strich dem treuen Tier über die noch immer bebenden, schweißnassen Flanken und klagte ihm sein Leid. Tiere verstehen das Leid der Menschen recht gut, und auch Windeseil schleckte tröstend über die Hand des todunglücklichen Prinzen. Er schlug die tränennassen Augen nach unten, in das Stroh und den Pferdemist des Stalles und meinte, dort etwas glitzern zu sehen. Wie beiläufig stieß er mit der Stiefelspitze gegen einen Pferdeapfel und siehe da – im Kot lag

ein unzerstörter Goldapfel! Das Pferd hatte den Apfel bei ihrer letzten Rast zwar verschluckt, aber es hatte den schweren Apfel nicht verdauen können. Er war nun unversehrt hinten wieder herausgekommen! Oh welch Glück, welch erneute Hoffnung.

Wieder stürmte der Prinz die Treppen hinan. Die Ärzte, die gerade gehen wollten, drängten zurück, die Schmelztiegel wurden angeheizt, in fieberhafter Eile das Messer gewetzt, denn nun ging es um Minuten, man konnte die restlichen Sandkörner im oberen Teil der Sanduhr schon fast zählen! Und siehe da, dieser Apfel war goldwurmfrei. Rotgolden schimmerte sein Fleisch. Man schmolz es. Dann öffnete man der ohnmächtigen Prinzessin den Mund und goss ihr die gleißende Arznei hinein. Nur Sekunden danach drehte die Dienerin die Sanduhr um, aber da öffnete die Kranke schon ihre Augen. Wenige Minuten später kehrte schon etwas Rot in ihre Wangen zurück.

Der König weinte vor Freude, der Prinz fiel am Bett auf die Knie und küsste der Prinzessin die Hand. Die Ärzte schlugen sich gegenseitig auf die Schultern, der Hofmarschall umarmte die Dienerin, der Turmwächter schrie es vom Burgturm ins ganze Land. Da zogen alle Leute weiße Gewänder an und ein riesiges Freudenfest begann, das mehrere Wochen dauerte. Der Höhepunkt des Festes war die Hochzeit von Prinzessin Bellulina mit Prinz Sowiso. Denn der König war ein guter König und hielt Wort. Sogar der König von Hesperonien schickte zwei Goldäpfel als Geschenk und als Friedensbotschaft, weil ja ein Traumatier bewiesen hatte, dass er sogar schlauer als der hesperonische König selbst gewesen war.

Von der schrecklichen Blaubeerseuche aber blieb nichts zurück außer den blauen Augen, die die Prinzessin weiterhin hatte und die der Prinz wunderhübsch fand. Auch alle Kinder, die sie bekamen, hatten blaue Augen. Und wer heute blaue Augen hat, ist wahrscheinlich ein entfernter Verwandter von Prinzessin Bellulina und Prinz Sowiso, die noch lange und glücklich unter ihren Untertanen in Traumatien lebten, ja, und wenn sie nicht gestorben sind, dann leben sie sogar heute noch.

Ilse Niedermaier aus Landsberg am Lech

DER KLEINE MARIENKÄFER

Es war einmal eine Marienkäferfamilie. Da war der Vater, er baute unter der Hecke eine Wohnung für seine Familie. Die Mutter kümmerte sich um die Kinder. Es waren drei: Rotpunkt, Frohpunkt und Glückspunkt. Alle lebten in Harmonie. Aber da kamen andere ältere, größere Marienkäfer und gingen mit dem Glückspunkt auf die Wiese und in den Wald. Ach, wie hatte da die Mutter Angst um ihren kleinen, wenn er alleine fortflog, um Abenteuer zu bestehen.

Einmal stürzte sich ein Vogel herunter und pickte nach dem Marienkäfer. Beinahe wäre er einer dicken, schwarzen Spinne ins Netz gegangen. Ein anderes Mal, als er über eine Blumenwiese schwirrte, hackte eine getigerte Katze nach ihm, gerade konnte er ihr noch entkommen. Er flog an einem Seeufer entlang und kam zu nahe ans Wasser – doch er rettete sich noch

schnell auf eine gelberblühte Seerose. Meistens kehrte der kleine Glückspunkt mit Verspätung am Abend zu seiner Familie zurück. Er begrüßte den Vater und umarmte seine Mutter, die ihn schon sehnlichst erwartete. Auch freute er sich über seine Geschwister. Wenn der Mond und die Sterne am Himmel standen, da kehrte Ruhe bei den Marienkäfern ein.

Eines Tages flog der kleine Marienkäfer bei strahlendem Sonnenschein einem blühenden Garten entgegen. In schönster Vielfalt gab es da rote, gelbe, weiße und rosa Rosen. Die Pfingstrosen blühten weiß und rot in ihren grünen Büschen. Geranien hingen bunt in den Blumenkästen. Da setzte sich der kleine, rote Käfer mit seinen schwarzen Punkten auf einen Rosenzweig. Er fand dort viele Blattläuse, die ihm sehr gut schmeckten. Ach, wie war er jetzt satt. Er krabbelte auf einen Grashalm, schaukelte auf ihm und ließ sich von den warmen Sonnenstrahlen bescheinen.

Plötzlich hörte er lautes Lachen und sah zwei Kinder, die in den Garten kamen. Sie hüpften und sprangen in der Wiese umher. Sie spielten Fangen, purzelten ins Gras, turnten auf Holzstangen herum und auf der Schaukel ging es fröhlich hin und her. Bald wurden die Kinder vom Spielen und Herumtollen müde. Sie setzten sich ins Gras nahe dem Marienkäfer. Da entdeckten sie ihn. Oh, was für eine Freude war es, mit ihm zu spielen. Er krabbelte im Rasen herum, setzte sich auf eine Mohnblume,

dann wieder auf eine Kleeblume. Es gefiel ihm bei den Kindern und er fühlte sich wohl. Simon, der kleine Junge, hielt ihm sein Händchen hin und das Käferchen lief lustig auf seinem Arm herum. Svenja, die größere Schwester, wollte ihn auch einmal nehmen. Bei ihr krabbelte er auf ihren Händen und den Armen entlang. Ach, wie war es bei den Kindern schön.

Langsam brach die Dämmerung herein und Glückspunkt dachte an sein Zuhause. Dass seine Eltern sich wohl Sorgen machen, wo er so lange bleibe. Da setzte er sich auf den Finger des Mädchens, verneigte sich vor den Kindern, breitete seine Flügel aus und schwebte dem blauen Abendhimmel entgegen. In der Ferne konnten seine Freunde noch sein „Danke" vernehmen, weil sie so lieb mit ihm gespielt und ihm kein Leid zugefügt hatten. Wieder daheim erzählte er den anderen Marienkäfern von dem schönen Tag und den lieben Menschen, die so gut zu ihm waren. Die Mutter nahm ihn in den Arm und sagte: „Du bist eben ein echter Glückskäfer." ◇◇◇

Heidenore Glatz aus Kaufering

ASSJA IM ZAUBERLAND

Im Keller bei Familie Bunkerchen war eine Riesenaufregung. Hatte sie doch die Nachricht von einem großen Fest erreicht, das in einem Monat stattfinden sollte: „Asseln willkommen, wenn möglich auch bunt!", stand da. Mutter Bunkerchen war in heller Aufregung: „Endlich ein Fest! Ein Fest, bei dem wir willkommen sind!" Ja, ja, als Kellerassel ist man nicht sonderlich beliebt. Vor allem, weil die Familien so groß sind. Eigentlich gehören sie ja zu den Krebstieren und haben, wenn man den Namen aus dem Lateinischen genauestens übersetzt, mit einem „schäbigen Schwein" gar nichts zu tun. Manchmal nutzen Böswillige die Vorliebe der Kellerasseln für Feuchtigkeit und stellen sogar Fallen mit feuchten Tüchern auf, und – schwups! – hat man sie nach draußen katapultiert! Das Kellerasselleben hat nun wirklich nicht viele Höhepunkte.

Vater Bunkerchen sah das Ganze etwas skeptisch: „Ein Fest? Was sollen wir schon auf einem Fest, und dann noch bunt? Nee, nee, das ist nichts auf meine alten Tage." „Meinst du nicht, dass unsere Älteste, die Assja, endlich mal einen Mann kennenlernen sollte? Ich finde, sie müsste da unbedingt hingehen. Wer weiß, wer weiß…?", meinte Mutter Bunkerchen besorgt. „Wer also von euch 25 Jungs begleitet seine Schwester? Außerdem wäre es auch für euch an der Zeit, dass ihr euch auch nach einer Frau umschaut!" Ein Raunen, ein Ächzen ging durch die

Menge, keiner wollte zu diesem dummen, bunten Fest aufbrechen. Im feuchten Keller, fern vom Getöse der Welt, fühlten sie sich alle am wohlsten.

Mutter Bunkerchen war traurig, denn eigentlich wäre sie auch gerne mal auf ein großes Fest gegangen. Nach langem Hin und Her machte sich Vater Bunkerchen auf den Weg zu Familie Katakomb. Es dauerte Tage, bis er endlich dort ankam. Auch hier war helle Aufregung wegen des Festes. Leider hatte kaum einer Lust hinzugehen… Mutter Katakomb war dieses Fest nicht ganz geheuer. Sie meinte, es sei bestimmt eine Falle, um Kellerasseln in großen Mengen zu vernichten. Katakomben-Fronz aber war ein neugieriger Asselknabe: „Nun, ich habe keine Angst! Ich werde hingehen. Ich werde auf jeden Fall Bunkerchen-Assja begleiten."

Erst sehr zaghaft, dann aber doch erfreut wegen der Begleitung, hakte sich Bunkerchen-Assja bei Katakomben-Fronz ein, und sie machten sich auf den langen Weg zum Fest. Ihr Begleiter war zwar nicht bunt, sondern schwarz, hatte aber so einen komischen, weißen Gegenstand vor den Augen. Als sie ankamen, war das Fest schon in vollem Gange. Lauter Asseln: bunte, braune, ja manche hatten sogar einen Hut auf! Ein paar eigenartige Geschöpfe waren schon darunter… ganz rot mit kleinen Hörnern… Auch Lehrer und Professoren waren hier, also eine edle Gesellschaft. Und fast alle hatten etwas zu sagen: eigenartige Wörter und Sätze, wie man sie noch nie gehört hatte. Die fremden Asseln, die die beiden noch nie gesehen hatten, lachten und hatten viel Spaß. Angenehm und freundlich war die Atmosphäre im Raum.

Dann, ganz aufgeregt und getarnt unter einem dunkel-düsteren Umhang, stellte sich auch Bunkerchen-Assja vor die bunte Menge. Plötzlich löste sich der Umhang und – ein Raunen ging durch den Raum – eine blonde Prinzessin mit wunderbaren Locken und glitzernder Krone stand vor dem erstaunten Publikum. Katakomben-Fronz traute seinen Augen nicht: Was hatte er da für ein bezauberndes Wesen an seiner Seite! Seine Augen leuchteten… vielleicht hatte er sich sogar verliebt!? Er konnte es nicht fassen, dass die verschleierte Assel sich so verwandelt hatte.

Arm in Arm verließen sie das Fest – er glücklich und stolz, Bunkerchen-Assja aber wartet immer noch auf die Verwandlung zum Prinzen… es kann sich ja nur um ein paar asselige Monate, vielleicht auch Jahre handeln – aber vielleicht ist es ja schon beim nächsten großen Kellerasselfest soweit… ◇✕◇

Rosemarie Prior aus Dietmannsried

DER KÖNIGLICHE PFANNKUCHENBÄCKER

Es war einmal ein König. Der hatte in seiner königlichen Küche zwei Köche beschäftigt. Eigentlich brauchte er nur einen Koch, denn sein Hofstaat war gar nicht so groß. Aber weil der eine Koch so wunderbaren Bohneneintopf kochen konnte und der andere die besten Spanferkel am Spieß braten konnte, hatte er zwei Leibköche. Denn ihr müsst wissen, der König liebte Bohnensuppe und Spanferkelbraten über alles. Der königliche Bohnensuppenkoch und der königliche Spanferkelbräter freuten sich darüber, waren immer gut aufgelegt, lachten viel und kochten gern für den König.

Eines Tages klopfte es an der königlichen Pforte und ein junger Mann wollte zum König vorgelassen werden. Vor dem König verbeugte er sich erstmal recht artig und sagte dann, er wäre der beste Pfannkuchenbäcker auf der Welt und suche eine neue Anstellung. Weil der König gerade großen Hunger hatte, ließ er sich von ihm einen Probe-Pfannkuchen backen. Der schmeckte dem König sooo gut, dass er den jungen Mann gleich als königlichen Pfannkuchenbäcker einstellte.

Von dem Tag an musste der königliche Pfannkuchenbäcker nur noch Pfannkuchen backen. Der König wollte nichts anderes mehr essen. Es gab mal Pfannkuchen mit Schinken und Käse, Pfannkuchen mit frischen Kräutern, Pfannkuchen mit Apfelmus, Pfannkuchen mit Zimt und Zucker, Pfannkuchen mit Eis, Pfannkuchen mit Schokocreme und, und, und… Der königliche Bohneneintopfkoch und der königliche Spanferkelbräter waren natürlich sauer, obwohl sie die köstlichen Pfannkuchen auch sehr gern aßen. Sie überlegten, wie sie den Pfannkuchenbäcker am schnellsten wieder loswerden könnten.

Einmal, als der königliche Pfannkuchenbäcker den Teig schon fertig in der Schüssel hatte und nur noch in den Palastgarten hinausging, um ein paar frische Himbeeren für den Pfannkuchen zu pflücken, da nahmen der Bohneneintopfkoch und der Spanferkelbräter den Salztopf und leerten ihn in die Schüssel mit dem Pfannkuchenteig. Ihr könnt euch sicher vorstellen, wie der König gewürgt hat, sein Gesicht zu einer Grimasse verzog, puderrot wurde und die Tränen ihm aus den Augen schossen, als er den total versalzenen Pfannkuchen aß. Er sprang von seinem Stuhl auf und stampfte mit den Füßen auf und ließ, außer sich vor Zorn, sofort den Pfannkuchenbäcker kommen und in den Kerker werfen. Alle Erklärungen und Unschuldsbezeugungen des Pfannkuchenbäckers halfen nichts. „Hinunter in den Kerker mit ihm, ich will ihn nicht mehr sehen!", schrie der König. Im Kerker bekam der Pfannkuchenbäcker nur noch Wasser zu trinken und trockenes Brot zu essen und musste auf dem kalten, harten Boden schlafen.

Der Bohneneintopfkoch und der Spanferkelbräter aber konnten nun endlich wieder ihre Kochkunst unter Beweis stellen. Und der König freute sich, auch mal wieder seine anderen Lieblingsspeisen zu essen. Aber der königliche Bohneneintopfkoch und der Spanferkelbräter hatten jetzt ein schlechtes Gewissen bekommen. Sie hörten Tag und Nacht die lauten, jämmerlichen

119

Rufe des Pfannkuchenbäckers aus dem Kerker, die über den gesamten Palast schallten. „Holt mich hier raus! Holt mich hier raus! Ich bin unschuldig!", schrie er.

Der Bohneneintopfkoch und der Spanferkelbräter waren ganz unglücklich und konnten auch nicht mehr lachen. Das merkte auch der König und fragte, warum sie denn so traurig seien. Da sprudelte es aus den beiden königlichen Köchen nur so raus. Sie erzählten alles und sagten, dass der Pfannkuchenbäcker keine Schuld an den versalzenen Pfannkuchen habe. Der König möge doch den Pfannkuchenbäcker wieder freilassen und sie selbst für ihn in den Kerker sperren. Der König ließ natürlich sogleich den Pfannkuchenbäcker wieder frei. Drei Tage und drei Nächte lang überlegte er, was nun zu tun sei. Soll er jetzt den königlichen Bohneneintopfkoch und den Spanferkelbräter in den Kerker einsperren? Verdient hätten sie es ja. Da kam ihm eine gute Idee! Er ließ alle drei Köche abwechselnd kochen. Einen Tag gab es nun leckeren Bohneneintopf, einen Tag saftigen Spanferkelbraten und einen Tag einen köstlichen Pfannkuchen. Der König bekam nun immer eine seiner Lieblingsspeisen. Die drei königlichen Köche aber vertrugen sich von da an prima. Sie wurden gute Freunde, lachten wieder und waren alle glücklich und zufrieden. ◇✕◇

*Helmut Glatz
aus Landsberg*

TRAGÖDIE IM LANDE MUSISTAN

Es war einmal ein Land, das hieß Musistan. In diesem Land wurde, wie der Name es befahl, überall musiziert. In den Konzertsälen spielten die Philharmoniker, auf den Kleinkunstbühnen musizierten die Kleinkünstler, in den Gasthöfen und Kneipen zupften und fiedelten die Volksmusikanten, es wurde gesungen und getanzt in den Städten und in den Bauerndörfern, auf den Plätzen und in den Wirtshäusern, selbst im abgelegensten Landgasthaus trällerten die Köchinnen am Herd. Und sogar der König sang, wenn auch nicht besonders schön, in der königlichen Badewanne.

Das gefiel natürlich den Engeln, die im Himmel über dem Land wohnten, einem Himmel, der voller Geigen hing – und jede Geige war ein Engel oder umgekehrt. Und sie schauten wohlgefällig herunter. Die Erzengel bliesen mit ihren Posaunen, und die nichterzenen Engel klimperten mit ihren Harfen. Und manchmal fiel einer ihrer Töne zur Erde herab und mischte sich unter die anderen Töne, und dann klang alles noch einmal so schön.

Neben den Engeln aber hausten, in einer schmutzigen Rumpelkammer, die Teufel. Die mochten Musik überhaupt nicht. Wenn sie etwas von sich gaben, so war es nur ein jämmerliches Getöse, Gekröse und Gerumpel. Sie tranken sogar Antimusikschnaps aus unmusikalischen Flaschen und Antiharmonikum und ähnliche hässliche Dinge. Und eines Tages, als die Teufel wieder ein solch unmusikalisches Fest veranstalteten, entglitt einem von ihnen die Flasche mit dem Antimusikalikum (oder geschah es absichtlich?). Sie fiel auf die Erde und zersprang in tausend Splitter. Und damit begann die Tragödie im Lande Musistan.

Die hässlichen Scherben spritzten dahin und dorthin, sie sprühten wie ein unmusikalischer Regenschauer über das ganze Land und in die Konzertsäle hinein und auf die Kleinkunstbühnen und in die Bauernstuben. Ja, selbst in die Küchen zu den Tellerwäscherinnen und Köchinnen und sogar bis zum König, der gerade in seiner Badewanne saß. Er machte den Mund

auf und wollte eine Arie aus einer Oper von Puccini singen. Aber was kam heraus? Ein hässliches Krächzen. Und so war es überall: Die Kehlen der Menschen waren verstimmt wie verbeulte Gießkannen, die Instrumente schüttelten sich störrisch und wollten keinen vernünftigen Ton mehr von sich geben, die Geigen knarrten und knarzten, die Flöten jodelten und heulten, die Bässe grummelten und grölten, die Klarinetten quakten wie Frösche. Sogar die Sonne schien nicht mehr so wie früher, sondern hatte einen Grünstich, und der Mond lächelte nicht mehr freundlich vom nächtlichen Himmel, sondern hing in den Büschen wie eine angefaulte Orange.

Ein Schatten war auf das Land gefallen, ein teuflischer, unmusikalischer Schatten. Die Menschen bellten sich nur mehr an wie geifernde, rechthaberische Hunde. Wer nicht recht hatte, wollte recht haben, und wer recht hatte, wollte immer noch mehr recht haben. „Man kann nicht genug recht haben", sagten sie, wie wenn das Recht ein Hab und Gut wäre, das man in seinem Sparstrumpf sammeln konnte. Sie sagten: „Wenn wir nicht mehr musizieren können, wollen wir andere gute Werke tun." Sie taten aber nichts Gutes, sondern das Gegenteil. Denn in der Teufelsflasche war auch ein Antischönikum, das heißt: Alles, was vorher als schön gegolten hatte, war nun hässlich. Und so gingen sie daran, in den Städten die Rathäuser und Kirchen abzureißen. Architektonischer Plunder, sagten sie. Und wenn sie in den Dörfern ein besonders schönes Bauernhaus fanden, walzten sie es nieder und ersetzten es durch ein langweiliges Einheitshaus mit Fremdenzimmern im Oberstock.

Auf den Feldern vernichteten sie die Blumen, die Bäche begradigten sie, und überall wuchsen Gewerbegebiete und Solarparks und andere Grässlichkeiten. Selbst ihre Gehirne wurden immer einfältiger, als wären sie in der Konfektionsabteilung des Supermarkts gekauft worden. Ja, es war nun alles gerade und grau und urban und ertragsfördernd. Und was früher krumm und bunt gewesen war, galt nun als schlecht und schlimm und wurde von den Behörden strafrechtlich verfolgt.

Der König aber hatte eine Tochter, die war nicht nur sehr musikalisch, sondern auch außerordentlich neugierig, wie es Prinzessinnen in einem bestimmten Alter eben sind. Als sie eines Tages das Schloss durchstöberte und in die oberste Stube des höchsten Turmes kam, den sie bisher noch nie betreten hatte, hörte sie eine seltsame Musik. Neugierig betrat sie die Stube, und da traf sie eine alte Frau. Die Fee Polyhymnia. Sie saß am Spinnrad und sang dabei eine wunderliche Melodie, und es klang wie ein Echo aus uralter Zeit.

Die alte Frau schaute der Prinzessin ins Gesicht und verstand sogleich, worum es ging. „Haben die Teufel wieder Unsinn angestellt?", rief sie ärgerlich. „Das kommt von diesem neumodischen Christentum. Früher, zu meiner Zeit, gab es so etwas nicht. Überall säen sie ihre unmusikalischen Splitter aus, wohin man nur schaut, und machen die Welt einfältig und krank." „Kannst du sie wieder gesund machen?", fragte die Prinzessin, denn sie merkte, dass die alte Frau nicht nur alt, sondern auch zaubermächtig war. „Leider nein", sagte Polyhymnia. „Früher hätte ich es gekonnt, zusammen mit meinen acht Schwestern. Aber nun kennen die Menschen nicht einmal mehr meinen Namen."

Da wurden die Augen der Prinzessin ganz dunkel und füllten sich mit Tränen. „So muss die Welt immer krank und unmusikalisch bleiben", sagte sie. „Und mein Vater wird nie mehr seinen Puccini singen können." „Ich kann die Welt nicht heilen", sagte Polyhymnia, „sie hat sich schon zu weit von mir entfernt. Aber du vermagst es." Ihre Stimme wurde ganz leise und geheimnisvoll. „Gehe heute Abend auf die Wiese hinter dem Schloss", flüsterte sie, „stelle dich unter den Nachthimmel und breite dein Kleid aus." „Und dann?", fragte die Prinzessin. „Das wirst du schon sehen, sei nicht so neugierig!", sagte Polyhymnia streng. Schon wandte sie sich ab und begann wieder zu spinnen und zu schnurren und zu singen, dass es klang wie ein Echo aus uralter Zeit.

Als die Nacht hereinbrach, schlich die Prinzessin heimlich aus dem Schloss und huschte zur Wiese und stellte sich unter den Nachthimmel. Und wie sie so dastand und ihr Kleid ausbreitete, fielen auf einmal die Sterne vom Himmel, und es waren lauter wunderbare, klingende Töne. Da sammelte sie schnell die Töne in ihr Kleid hinein und lief zurück in das Schloss. Wie sie aber über das Gras rannte, griff sie mit der Hand in ihr Kleid, das sie zur Schürze gerafft hatte, und streute die Töne aus wie der Sämann den Samen. Im selben Augenblick wuchsen daraus goldene Akkorde und silberne Kadenzen und perlende Melodiereihen. Und als der Wind darüber wehte, erschallte sogleich das schönste Konzert, wie man es sich schöner nicht vorstellen konnte.

Da pflückte die Prinzessin einen riesigen, bunten Melodienstrauß und nahm ihn mit ins Schloss und streute die Klänge über die Treppen und Teppiche und Tapeten, dass sie sich

in den Spiegeln spiegelten und immer noch mehr wurden. Die wunderbarsten Melodien erschallten durch alle Räume bis zum König, der gerade sein Morgenbad nahm, dass er auf einmal seine Stimme wiederfand und die Arie von Puccini weiter singen konnte. Das war aber noch nicht das Ende, denn überall lagen noch die Teufelssplitter herum. Da mussten tausend Diener mit den Staubsaugern kommen und all den unmusikalischen Rat und musikalischen Unrat aufsaugen und als Problemmüll entsorgen. Manchmal huschte ein schwarzer Schatten hinter einer Säule hervor. Das war einer der Unterteufel, die sich hier versteckt hatten, um weiterhin Unfug zu treiben. Aber auch die wurden zum Kamin hinausgescheucht.

Bald klang und sang es wieder im Land. In den Konzertsälen spielten die Philharmoniker, auf den Kleinkunstbühnen musizierten die Kleinkünstler, in den Gasthöfen und Kneipen zupften und fiedelten die Volksmusikanten, es wurde gesungen und getanzt auf den Plätzen und in den Wirtshäusern, in den Städten und in den Bauerndörfern, und es war alles, wie es früher gewesen war. Auch die Engel mischten ihre Geigentöne darunter. Über allem aber schwebte wie das Trillern einer Lerche ein schönster und höchster Ton. Das war die Prinzessin, die bekanntermaßen nicht nur sehr neugierig, sondern auch außerordentlich musikalisch war. ◇✕◇

TIERISCHES

Elfriede Lützl
aus Neuburg an der Donau

DAS KÄTZCHEN TEUFELCHEN

Es war einmal ein kleines Kätzchen, das hatte ein ganz schwarzes Fell, und darum wurde es Teufelchen gerufen. Teufelchen war erst ein paar Monate alt, sehr anhänglich, verspielt und furchtbar neugierig. Dabei hatte das kleine Kätzchen schon Trauriges mitgemacht in seinem kurzen Leben. Seine Mama war nämlich von einem Auto überfahren worden, als es erst zehn Wochen alt war. Was wäre wohl aus Teufelchen geworden, wenn es nicht von dem Mädchen Anna liebevoll und mit viel Geduld aufgepäppelt worden wäre? Teufelchen wuchs prächtig, und die beiden wurden ein Herz und eine Seele.

Wie gesagt, Teufelchen war sehr verspielt und neugierig. Was gab es da alles? Kleine Abenteuer hatte Teufelchen auch schon erlebt. Zum Beispiel den langen Vorhang, an den man sich hinhängen und schaukeln konnte. Einmal aber blieb die kleine Katze mit den spitzen Krallen daran hängen und konnte sich nicht mehr befreien. Ein anderes Mal schlüpfte sie unbemerkt in einen Schrank, dessen Tür offen stand und dann zugemacht wurde, ohne dass jemand Teufelchen bemerkte. Da war auch noch die Sache

mit dem Mobile, das am Fenster hing. Lauter kleine Glöckchen. Das machte Spaß, wenn man dagegenschlug, ein tolles Spielzeug. Das kleine Kätzchen reckte sich auf den Hinterbeinen ganz hoch, damit es besser spielen konnte. Aber, oh weh, es riss das ganze Glöckchenmobile herunter. Teufelchen verheddderte sich so sehr in den Schnüren, dass es sich bald nicht mehr rühren konnte. Wenn Anna nicht gewesen wäre, die Teufelchen mal wieder aus der Patsche half, wäre es vielleicht böse ausgegangen.

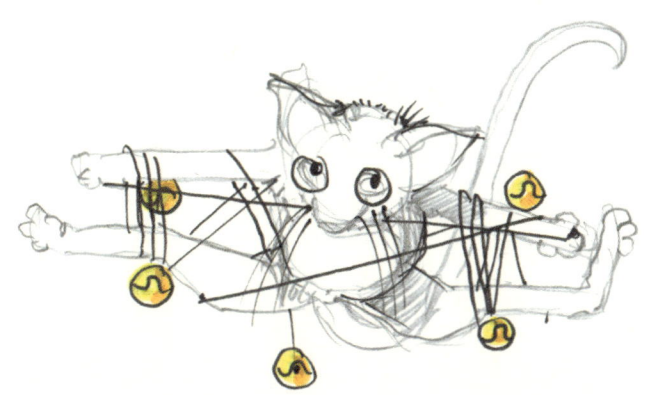

Jetzt im Frühling, es war Anfang März, war die Welt noch interessanter geworden. Im Garten gab es so viel zu sehen. Schneeglöckchen und Krokusse, mit denen man auch spielen konnte. Auch den Schmetterlingen nachzujagen, das war lustig. Die Vögel waren ebenfalls ganz interessant, aber viel zu schnell. Am schönsten war es aber, in einer windstillen Ecke zu liegen und sich die Sonne auf den Pelz brennen zu lassen. Das war ein Leben.

Eines Tages war Teufelchen wieder im Garten unterwegs und hatte dabei etwas Aufregendes entdeckt: einen kleinen Teich. Die Goldfische schwammen hin und her, und sofort war der Jagdinstinkt von Teufelchen geweckt. Das wäre ein Leckerbissen, so ein Fisch. Immer wieder versuchte das Kätzchen vergebens, mit der Pfote einen zu angeln. Da, ein kleiner Fisch schwamm ganz langsam am Ufer entlang und blieb zwischen den Steinen ruhig liegen. Teufelchen konnte sich nicht mehr zurückhalten. Das war die Gelegenheit. Der Goldfisch wurde anvisiert, ein kurzer Sprung und – Teufelchen lag im Wasser. Oh weh, welch ein Schreck, denn Wasser mochte die kleine Katze überhaupt nicht. Mit einiger Mühe erreichte Teufelchen die kleine Insel in der Teichmitte. Da saß es nun auf wackeligen Grasbüscheln, mit nassem Fell, kläglich miauend und ohne Aussicht, irgendwie trocken wieder ans Ufer zu kommen.

Inzwischen suchte Anna ihr Kätzchen schon. Auch im Garten sah sie nach und fand dort den kleinen Abenteurer. Teufelchen war heilfroh, dass es von Anna hochgenommen und trockengerubbelt wurde. Nun lag es wieder in seinem Körbchen. In dieser vertrauten Umgebung und natürlich nach einer tüchtigen Mahlzeit vergaß das Kätzchen bald den aufregenden Tag und es schlief wohlig schnurrend ein. Wie viele Abenteuer mag Teufelchen wohl noch erleben? Ein Glück, dass es Anna hat, die es beschützt. ◇✕◇

Gretl Schmid aus Neuburg-Sehensand

DIE MÄUSEFAMILIE UND DIE HAUSMAUS

Auf dem Acker hinter dem Haus lebte eine große Mäusefamilie. Ihr Bau befand sich tief unter der Erde. Am Tage sammelten die Mäuse fleißig Körner, Beeren und Samen für den Wintervorrat, und zwischendurch spielten sie alle zusammen auf dem Acker. Zwei Wächtermäuse hielten dann Wache, damit sie nicht plötzlich von einem Raubvogel oder einer Katze überrascht wurden, denn diese wollten die Mäuse fressen. Die Wächtermäuse schlugen beim Anblick der Vögel oder Katzen sofort Alarm und die

Mäuse versteckten sich schnell in ihren Löchern, bis die Gefahr vorbei war. Erst dann kamen sie wieder ans Tageslicht, um weiter zu arbeiten und auch zu spielen. Sie waren sehr fleißig. Das Vorrätesammeln machte richtig Spaß, denn dann brauchten sie im Winter nicht zu hungern.

Neben dem Acker stand ein Haus. Auf dem Speicher dieses Hauses lebte auch eine Maus mit Namen Minni. Eine große Schachtel, mit einem dicken alten Pullover darin, war ihr Bau. Wenn sie Hunger hatte, ging sie in die Speisekammer der Menschen und holte sich die besten Leckereien zum Essen. Sie brauchte auch keine Wintervorräte anzulegen, denn bei den Menschen gab es immer genug zum Essen.

Trotz all dieser Vorteile war die Hausmaus Minni sehr unzufrieden. Sie hatte niemanden zum Spielen und vom guten Essen wurde sie immer dicker. Eines Tages beschloss sie, einen Ausflug zu machen. Sie sprang aus ihrem kuscheligen Bett, lief die Speichertreppe hinab und spazierte zur offenen Haustür hinaus. Zuerst musste sie furchtbar nießen, denn die Sonnenstrahlen kitzelten ihre Nase. Minni lief über den taunassen Rasen und bekam ganz nasse Füße. Sie hörte die Vögel singen, die Blumen dufteten wunderbar und sie war so begeistert von der Umgebung, dass sie immer weiterlief und plötzlich zu dem Acker kam, auf dem die Feldmäuse lebten.

Die Wächtermäuse entdeckten Minni sofort und wollten wissen, wo sie herkam und warum sie so dick ist. Die Hausmaus Minni erzählte von ihrem schönen, bequemen Leben bei den Menschen. Die Feldmäuse konnten gar nicht glauben, dass ein so faules, langweiliges Leben schön sein kann. Sie luden die Hausmaus Minni zu einem Arbeits- und Spieltag mit ihnen ein. Minni fand das schön und aufregend. Nach diesem Tag kehrte die Hausmaus müde, aber glücklich in ihr Nest auf dem Hausspeicher zurück.

Doch plötzlich gefiel ihr das Leben allein, trotz aller Bequemlichkeiten, nicht mehr. Sie vermisste die Spiele mit den Feldmäusen. Da beschloss sie, den Speicher zu verlassen und zu den Feldmäusen zu ziehen. Seit dieser Zeit lebt Minni bei der großen Mäusefamilie auf dem Acker hinter dem Haus. Zwar muss sie nun ihre Nahrung selbst suchen und helfen, den Wintervorrat anzulegen. Aber sie hat viele Freunde, viel Spaß beim Spielen und sie ist nie mehr allein und sie ist sehr glücklich. ◇✕◇

Gudrun Woller aus Nördlingen

VOM HASEN, DER EIN HAVO SEIN WOLLTE

„So, mein Häschen, jetzt bist du alt genug, um in die Welt hinauszuziehen", sagte eines Tages die Mutter. „Packe deinen Ranzen und mache dich auf den Weg." Da nahm der Hase Abschied von seinen Geschwistern und verließ den Bau. Draußen war ein wunderschöner Frühlingstag und die Vögel sangen in den Bäumen. Der Hase war ganz verzückt, als er den Gesang hörte. „Das möchte ich auch können", dachte er sich und fing an zu singen: „Aah…, krächz, krächz, iiiie." „Was soll das denn sein? Das ist ja nicht zum Aushalten!", riefen die Vögel und flogen davon.

Die anderen Tiere auf der Wiese hielten sich die Ohren zu. Ein alter, weiser Hase, der gerade des Weges kam, sagte zu dem Hasen: „Lieber Hase, du musst zwar noch viel lernen, aber bestimmt nicht das Singen. Hör bitte damit auf. Ein Hase ist kein Vogel und wird nie singen können."

„Aber ich möchte ein ganz besonderer Hase sein", meinte der junge Hase. „Nein, wie dumm von dir. Zuerst lerne, was jeder Hase können muss. Alles andere ist für dich nicht wichtig." Mit diesen Worten hoppelte der alte Hase weiter.

„Lernen, was jeder Hase kann. Als wenn das für mich wichtig wäre. Ich werde zuerst einmal sehen, ob ich nicht doch ein besonderer Hase bin", meinte das Häschen. „Singen, das sehe ich ein, kann ich nicht, aber wenn ich so fliegen könnte wie die Vögel, würde ich vielleicht der einzige Hase auf der Welt sein, der sich in die Wolken erheben kann. Man würde mich den Havo nennen. Eine ganz besondere Gattung Hase." Also machte sich der Hase auf den Weg, um jemanden zu finden, der ihm das Fliegen lehrte. Als Erstes traf er die Störche auf der Wiese. „Hallo liebe Störche, ihr habt doch so große Flügel und könnt damit wunderbar fliegen. Würdet ihr mir bitte beibringen, wie das geht?" Doch die Störche hatten keine Zeit. Ihre Jungen warteten im Nest auf Futter. Sie drehten sich einfach um und flogen davon. „Eingebildete Gesellschaft!", rief der Hase hinter ihnen her. „Ich finde schon jemanden, der mir hilft."

Nach ein paar Tagen traf er ein hübsches Hasenfräulein. Es schaute ihn ganz lieb an und wollte mit ihm reden, aber der Hase hatte kein Interesse an ihr. Er machte, dass er weiterkam.

In seinem Kopf spukte nur sein Traum vom Fliegen herum. Traurig hoppelte das Hasenfräulein hinter ihm her. Endlich sah der Hase einen Hühnerhof vor sich. „Da sind aber viele Vögel", dachte er, „dort wird mir bestimmt einer das Fliegen beibringen." Er fragte die Hühner, doch die fingen alle an zu gackern und lachten ihn aus. „Du willst von uns das Fliegen lernen? Ja, bist du denn so dumm, dass du nicht weißt, dass wir auch nicht fliegen können? Das, was Hasen von uns bekommen, ist bestimmt kein Flugunterricht, sondern an Ostern die Eier zum Bemalen. Lern lieber Eier bemalen und nimm dir eine Häsin zur Frau, damit ihr viel Nachwuchs bekommt, sonst gibt es bald keinen Osterhasen mehr. Oh, was bist du doch für ein dummer Hase", lachten ihn die Hühner aus. „Ja, zum Donnerwetter, will mir denn keiner das Fliegen beibringen. Singen will ich ja nicht mehr. Aber Fliegen!", schimpfte der Hase. Beleidigt hoppelte er davon. An der Wegkreuzung stand

das Hasenfräulein und wartete auf ihn. „Willst du nicht lieber mit mir kommen und das Fliegen sein lassen? Ich habe dich lieb und will mit dir viele kleine Häschen haben. Du bist nun mal ein Hase und kein Vogel, der fliegen kann", sagte es zu dem Hasen. „Ach, scher dich doch weg. Ich will fliegen, und daran wird sich nichts ändern. Wenn mir keiner helfen will, versuche ich es eben alleine." Jetzt war der Hase richtig wütend. Das Hasenfräulein drehte sich um und hoppelte weiter.

Der alte und weise Hase hatte das alles mit angesehen und gehört. Ärgerlich schüttelte er sein schon ergrautes Haupt. „Das wird ein böses Ende nehmen, wenn der Hase nicht vernünftig wird", dachte er sich. Das Hasenfräulein blieb plötzlich stehen, da es die Worte des alten Hasen gehört hatte. Sie wollte doch lieber wieder hinter dem Hasen herhoppeln. Vielleicht konnte sie das Häschen vor der Dummheit zu fliegen bewahren.

Als der Hase an einem Zaun vorbei kam, kletterte er hinauf, um auszuprobieren, ob er nicht ohne Hilfe fliegen könne. Oben angekommen breitete er seine Arme wie Flügel aus und pardauz, lag er auch schon auf der Nase. „Aua!", rief er. Das Hasenfräulein kam sofort zu ihm und wollte ihn trösten. „Mach, dass du wegkommst. Ich kann dich hier nicht gebrauchen. Ihr wollt doch alle nur, dass ich es nicht schaffe und berühmt werde. Ich werde es euch schon zeigen." „Wenn du so mit mir redest, werde ich mich nie mehr um dich kümmern. Es wird einmal schlimm

mit dir enden. Du bist und bleibst ein Hase und es reicht, wenn du als Osterhase berühmt wirst." Beleidigt drehte sich das Hasenfräulein um und verschwand. Es gab genug andere Hasen, die netter zu ihr waren.

Nach diesem Misserfolg wollte es der Hase ganz genau wissen. In einem Obstgarten stand eine Leiter an einem hohen Apfelbaum. „Wenn ich in die Spitze des Baumes klettere und mich von dort herunterfallen lasse, kann ich gewiss fliegen. Dann wird mich keiner mehr auslachen. Ich werde berühmt sein und man wird mir zu Ehren ein Denkmal aufstellen." Mühsam stieg er Stufe um Stufe hinauf.

Unten an der Leiter stand der weise, alte Hase und rief ihm hinterher: „Sei vernünftig und komm herunter. Du wirst dir den Hals brechen. Dann hast du kein Denkmal, sondern einen Grabstein. Bitte kehre um!" Doch der dumme Hase wollte nicht hören und kletterte weiter und weiter, bis er in der Spitze des Apfelbaumes angekommen war. Die Vögel sahen ihn erstaunt an und sagten: „Was willst du denn so hoch in einem Baum? Spinnst du! Du kannst doch nicht fliegen. Du bist und bleibst ein Hase." „Nein, ich bin ein Havo und kann fliegen", antwortete der Hase und breitete seine Arme aus.

Er flog ganz schnell – auf die Erde, nur die Landung war zu hart. Jammernd lag er da. Die Häsin, die aus lauter Liebe zu ihm in der Nähe geblieben war, kam schnell angehoppelt und versuchte ihm zu helfen. Liebevoll nahm sie seinen Kopf in ihre Pfoten und streichelte ihn. Leider war der Sturz vom Baum zu heftig gewesen. Der Hase schloss seine Augen für immer. Das Hasenfräulein grub ein tiefes Loch und legte ihn hinein. Der alte Hase kam dazu und brachte einen Grabstein mit, auf dem stand: „Hier ruht der Hase, der ein Vogel sein wollte." Sie stellten ihn zusammen auf das Grab und hoppelten gemeinsam davon.

Man ist nun mal, was man ist. Der eine ein Vogel und kann fliegen und der andere ein Hase, der hoppelt und die Ostereier bringt. ◇✕◇

Victorine Jeanty aus Schnellmannskreuth

DER FUCHS
ZEIGT ZÄHNE

Der Fuchs hatte Zahnweh. So richtig schlimm. Links unten war seine Schnauze dick angeschwollen. Seit Tagen durfte seine Frau ihm nicht einmal mehr ein kleines Gute-Nacht-Küsschen geben. „Aua, aua, aua, bist du verrückt", schrie er bereits, wenn sie ihr spitzes Mündchen nur leicht an seine Wange legen wollte. Es war schrecklich. Niemand in der Höhle machte nachts mehr ein Auge zu. Die drei jungen Füchslein zogen sich schon die erdfarbene Bettdecke über beide Ohren, wenn der Vater mitten in der Nacht aufjaulte. Mehrmals brühte seine Frau ihm einen Beruhigungstee, legte ihm – äußerst vorsichtig – lauwarme Erdbeerblätterkompressen auf die geschwollene Backe. Nichts half. Nach vier Tagen waren alle mit den Nerven fertig. Der Fuchs musste zum Zahnarzt.

Er ging zur Praxis Doktor Horn. Der Hirschhornkäfer war bekannt für schnelle Diagnosen und setzte mit großer Geschicklichkeit seine beeindruckenden Greifzangen ein. „Mund auf", befahl er dem verängstigten Fuchs, der in dem bequemen Moossessel mit verstellbarer Rückenlehne etwas zögerlich Platz genommen hatte. „Au weia", sagte er nach einem kurzen Blick in die hintere Mundhöhle des Patienten. „Der muss raus, und zwar sofort. Das Zahnfleisch ist bereits völlig vereitert. Wahrscheinlich hast du dir einen Knochensplitter eingezogen. Kein Wunder, dass du Schmerzen hast!"

Dr. Horn duzte alle seine Patienten, auch wenn sie erheblich größer waren als er selbst. Kein einziger hatte sich jemals darüber beklagt, denn allen war bewusst, dass der kleine Doktor in seiner Praxis der Größte war. Zumal er eine ziemlich neue Behandlungsmethode mit großem Erfolg einsetzte. Statt den Patienten mit einer schmerzhaften Spritze in das Zahnfleisch zu betäuben, hatte er sich ganz auf Stachelpunktur verlegt. Auf die Idee hatte ihn das hübsche Igelfräulein Julie gebracht, die die Methode während ihrer Ausbildung bei Doktor Tschi Gong in China erlernt hatte.

Fräulein Julie war seit längerem Doktor Horns Sprechstundenhilfe und stellte nur zu gern ihr stacheliges Igelkleid zur Stachelpunktur zur Verfügung. Das ging so: Doktor Horn hob Fräulein Julie hoch, und mit großem Fingerspitzengefühl pikste er mit den Igelstacheln mal leicht, mal fester in ganz bestimmte Körperstellen des Patienten. Beim Fuchs war das in diesem Fall die rechte Vorderpfote, in der der Arzt gleich mehrmals „hineinstach".

„In ein paar Minuten ist es so weit. Du wirst von der ganzen Operation nichts spüren", beruhigte Doktor Horn den Fuchs. „Fräulein Julie, reichen Sie mir unterdessen die mittlere Zange, den kleinen Meißel und halten Sie Nadel und Faden bereit." Der Fuchs wäre am liebsten davongerannt, als er das hörte. Doch irgendwie spürte er, wie ihn plötzlich eine bleierne Müdigkeit

überfiel, er verdrehte die Augen und es war ihm, als ob lauter bunte Kreise vor seiner Fuchsnase tanzten. „Mund auf!" Die Bitte des Arztes hörte er wie durch einen Nebelschleier, dann spürte er ein heftiges Ziehen und Zerren, er hörte ein leises Fluchen, verschwommen sah er Nadel und Faden vor seiner Nase tanzen… und schon beugte sich das zierliche Igelfräulein Julie über ihn. „Fertig, Sie haben's geschafft, Meister Fuchs", säuselte sie mit betörend süßer Stimme.

„Schau mal her, was ich aus deinem Maul herausgezogen habe." Doktor Horn hielt mit der Zange ein bluttriefendes Ungeheuer hoch. „War das… mein… Zahn?", stotterte der Fuchs, der sich eigentlich vor dem völlig verbogenen Etwas ziemlich ekelte. „Jawohl, ein fetter Backenzahn der ganz besonderen Sorte! Aber

keine Sorge, du kannst auch in Zukunft kräftig zubeißen. Du
hast noch eine ganze Reihe davon, und die scheinen ganz gesund zu sein."

Der Fuchs erhob sich leicht schwankend aus dem Behandlungs-
stuhl. Der Arzt verschrieb ihm noch ein leichtes Schmerzmittel, falls die Wunde sich nicht beruhige. „Dann kommst du
in einer Woche wieder. Ich will mir das Ganze noch mal an-
schauen." Der Fuchs bedankte sich, ganz besonders herzlich bei
der hübschen Julie, doch bevor er die Praxis verließ, hielt ihn
Doktor Horn am Pelz fest: „Und dann, mein Lieber, solltest du
dir regelmäßig die Zähne ordentlich putzen. Das scheint nicht
unbedingt deine Stärke zu sein. Rund um deinen hohlen Zahn
war die gesamte Speisekarte der letzten Wochen zu erkennen."

Der Fuchs zog den Schwanz ein und machte sich davon. In der
Apotheke „Zur Wilden Ameise" kaufte er das Schmerzmittel
und fünf elektrische Zahnbürsten. Er höchstpersönlich wollte
ab sofort auf eine professionelle Tiefenreinigung der Familien-
gebisse achten.

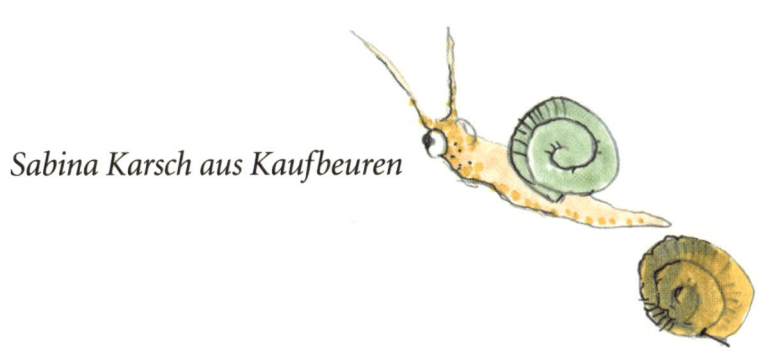

Sabina Karsch aus Kaufbeuren

DAS FRÜHLINGSFEST DER TIERE

Wenn die Tiere aus ihrem Winterschlaf erwachen, die Vögel aus dem Süden zurückkehren, die Sonne wieder kräftig und länger scheint, dann gibt es im Wald ein Frühlingsfest für alle Tiere. Der Bär ist das größte Tier im Wald. Er organisiert dieses Fest. Die Finken und andere Singvögel sitzen in den Bäumen und üben das Flöten und Tirilieren, denn sie sollen im Chor singen. Der Buntspecht wird der Trommler im Vogelorchester sein. Die Nachtigall ist als Solistin eingeladen. Sie jauchzt und übt das hohe C. Der Pirol hebt den Taktstock und ermahnt den Kuckuck, endlich mit seinem fortwährenden „Kuckuck, Kuckuck" aufzuhören. Er soll gefälligst auf seinen Einsatz warten. Die Eichhörnchen kichern aus Vorfreude und üben ihre Saltos, weil sie einen Rock'n'Roll vorführen wollen. Die Schleiereule ruft schnippisch vom Baum herunter: „Huhuhu, huhuhu, ich komm erst am Abend hinzu."

Ein Hirsch schreitet majestätisch vorüber und sagt: „Hoffentlich spielen die nicht nur so ein modernes Zeug, ich tanze nämlich nur langsamen Walzer." Der Dachs lacht frech über den alten Hirsch und putzt eitel sein schwarz-weißes Fell. Viele Ameisen arbeiten emsig an ihrem Bau, um bis zum Fest fertig zu werden. Sie schauen ärgerlich zu den Hasen hinüber, die nichts Besseres zu tun haben, als sich ihre Barthaare zu putzen. Die Ohren steil nach oben gestellt und Männchen machend lachen sie über die fleißigen Ameisen. Bienen summen umher und besuchen die ersten Blütenknospen und Tannenspitzen, um Honig zu sammeln. Denn Meister Petz, der Chef der Veranstaltung, und seine Familie wollen zur Feier des Tages Honig schlecken. Gutes Essen gehört zu jedem Fest.

Apropos Essen: Die Borkenkäfer leben seit Tagen aus dem Vollen. Der letzte Wintersturm hat viele Bäume im Wald umgeknickt, ja sogar entwurzelt, und damit diesen Käfern ein

reichliches Mahl bereitet. Sie haben ganz dicke Bäuche vom vielen Fressen, hängen träge im zersplitterten Holz und kümmern sich wenig um die vorfreudigen Ereignisse.

Anders die Eidechse. Sie schlüpft neugierig durchs Gebüsch, begierig mehrmals die Zunge ausstreckend, lauscht und schaut gespannt den Vorbereitungen zu. Graue Nachtfalter sitzen verschüchtert mit zusammengeklappten Flügeln an der Baumrinde und schauen neidisch auf vorbeiflatternde Pfauenaugen und andere bunte Schmetterlinge, die vergnügt im Sonnenlicht ihre Runden drehen und keine Konkurrenz fürchten.

Ein Igel raschelt durch übrig gebliebenes Winterlaub. Er erschrickt beim Anblick eines Fuchspaares. Sofort rollt er sich zusammen und hört, wie die Füchsin sagt: „Schau mal, Reineke,

eine Frühlingsrolle, wär das nicht ein feiner Imbiss für uns?"
Aber der Fuchs rümpft nur seine spitze Nase und meint abwesend: „zu viele Stacheln". So hoffen sie auf andere Leckerbissen. Das Fest soll ja erst beginnen und hält sicher manche Überraschung bereit.

Was ist das? Zwei junge Mäuse können es offenbar nicht abwarten. Sie haben ihr sicheres Mauseloch verlassen, pfeifen fröhlich einen Boogie Woogie und legen eine kesse Sohle auf den Waldboden. Im Übermut haben sie ihre Schwänze ineinander verknotet. Ein betagter Uhu blickt mit schüttelndem Kopf vom Ast herunter und murmelt: „Diese Jugend heute…!" Vom fernen Tümpel am Waldrand hört man schon die Frösche quaken. Sie versuchen angestrengt, ihrem Blasebalg einen harmonischen Rhythmus zu entlocken, denn sie sollen die Einzugsfanfare spielen. Mücken schwirren aufgeregt über einen Reigen.

Viele, viele Gäste werden kommen, mit geputztem Fell, zurechtgezupften Federn, polierten Panzerjäckchen und sich des Lebens bei diesem Fest freuen. Die Rehe eröffnen die Feier mit einer Polonaise und bald machen alle Tiere mit. An diesem Tag wird der Frühling eingeläutet. ◇✕◇

Frank Drebin aus München

DER KLEINE MÄUSERICH WIRD GERETTET

Herr Belvedere war ein Mäuserich. Er lebte mit seiner Frau und vier Mäusekindern in einem Mauseloch unter der alten Eiche. Jeden Morgen gab Herr Belvedere seiner Gattin einen Kuss auf die Schnauze und machte sich auf den Weg nach draußen: Auf dem Feld suchte er nach Kräutern, Samen oder Getreidekörnern für sich und seine kleine Mäusefamilie. Mittags kehrte Herr Belvedere mit seinen Vorräten in das Mauseloch zurück. Beim gemeinsamen Mittagessen knabberten die Mäuse dann um die Wette, bis alles aufgegessen war und sie müde in den Mittagsschlaf sanken. Auf seinen Ausflügen verwandte Herr Belvedere größte Achtsamkeit darauf, nicht vom Turmfalken, der Waldohreule oder dem Mauswiesel entdeckt zu werden: Sie waren die gefürchteten Feinde aller Feldmäuse, und nur zu oft hörte man traurige Geschichten von armen Feldmäusen, die auf der Suche nach Nahrung für sich und ihre Familie selbst aufgefressen worden waren.

Am meisten Angst aber hatte die Mäusefamilie vor einem bösen Rauhaardackel, der häufig auf dem Feld seine Runden drehte. Der Dackel hörte auf den Namen Magnus und gehörte der Familie von Dr. Taft, dem Dorfarzt. Das größte Vergnügen war es

für den Dackel, seine Schnauze alle paar Schritte in die Erde zu stecken, um dann bei der geringsten Witterung der Mäusefamilie mit seinen starken Vorderpfoten in der Erde zu buddeln, bis er auf einen Laufgang der Belvedereschen Familienwohnung stieß. Einmal, als die vier Mäusekinder erst vier Wochen alt gewesen waren, hatte sich der schreckliche Dackel bis in die Kinderstube vorgegraben; nur der Geistesgegenwärtigkeit von Herrn Belvedere, der seine Kinder sofort eins nach dem anderen am Nackenfell gepackt und in einem Nachbarstollen in Sicherheit gebracht hatte, war es zu verdanken gewesen, dass die Kleinen ihr junges Leben behalten hatten.

Heute war ein bitterkalter Wintertag. Ein eisiger Schneewind pfiff über das Feld und schüttelte die alte Eiche hin und her, als Herr Belvedere seinen Kopf aus dem Mauseloch steckte, um auf Nahrungssuche zu gehen. Eilig trippelte er über das schneebedeckte Feld, um seinen Kindern wenigstens ein paar Körnchen Wintergetreide zusammenzusuchen. Immer wieder fegten gewaltige Windstöße heran und stießen den kleinen Mäuserich fast um. Rumms! Herr Belvedere erschrak. Was war das für ein Geräusch gewesen? Der kleine Mäuserich entschloss sich, bei diesem fürchterlichen Wetter lieber kehrtzumachen und in das Mauseloch zurückzukehren. Mit ein paar Körnchen in der Backe, die Glieder steif vor Kälte gefroren, erreichte er die alte Eiche.

Beim Anblick der Eiche durchfuhr den kleinen Mäuserich ein gewaltiger Schreck: Der Sturm hatte große Schneemassen von den Ästen der Eiche heruntergeweht, die den Eingang zum Mauseloch unter sich begraben hatten. Seine Frau und seine Kinder! Eingeschlossen im Schnee! Herr Belvedere ließ die Körnchen aus der Backe fallen und fing mit aller Kraft zu graben an. Aber so sehr er sich auch anstrengte: Es half nichts. Unüberwindbar lag der feste Schnee auf dem Eingang des Mauselochs, und schließlich begannen die Pfötchen des kleinen Mäuserichs vor Kälte und Erschöpfung so zu zittern, dass er das Graben aufgeben musste.

Ohnmächtig vor Angst um seine Familie brach der kleine Mäuserich schließlich erschöpft auf der Schneedecke zusammen. Er dachte gar nicht an sich selbst, daran, dass eine kleine Feldmaus wie er im bitterkalten Winter draußen schnell erfrieren würde. Wäre Herr Belvedere nur wenige Sekunden später ohnmächtig geworden, hätte er ein lautes „Wäff! Wäff! Wäff!" gehört: Der Dackel Magnus war im Anmarsch.

Herr Belvedere erwachte durch ein Kitzeln an der Schnauze. Er klappte seine schwarzen Mäuseäuglein auf – und kniff sie vor Schreck gleich wieder zusammen: Ein riesiges, warmes, feuchtes, raues, rosafarbenes Etwas fuhr ihm über das Gesicht! Was war das? Wo war er? Was war nur passiert? Herr Belvedere erinnerte sich plötzlich mit Schrecken an den eiskalten Schnee und die verschüttete Familienwohnung und schlug die Augen

wieder auf. Fast glaubte er zu träumen: Das riesige, warme, feuchte, raue, rosafarbene Etwas war die Zunge eines Hundes, der vor ihm auf einem dicken, braunen Fell lag und ihn sorgfältig abschleckte. Beinahe wäre Herr Belvedere nun ein zweites Mal ohnmächtig geworden: Der Hund war kein anderer als der gefürchtete Dackel Magnus! Als Herr Belvedere nach einer Schrecksekunde feststellte, dass er doch nicht ohnmächtig geworden war, übernahmen seine Instinkte das Sagen. Sein Kopf und sein Körper waren nur von einem Gedanken erfüllt: Flucht! Aber als er sich aufrichten wollte, klappten seine dünnen, müden, von der Kälte noch steifen Mausebeinchen um, und er fiel in das weiche Fell zurück.

Als Magnus bemerkte, dass der kleine Mäuserich wach geworden war, hielt er inne: Mit seinen klugen, dunklen Dackelaugen blickte er den kleinen Findling an. Und da wurde Herrn Belvedere mit einem Mal klar, dass ihn der vermeintliche Feind aus der Kälte gerettet und ins Warme getragen hatte. Eine Woge der Erleichterung durchflutete den kleinen Mäuserich. Dankbar blickte er in die Augen des Hundes. Magnus legte vorsichtig sein Pfötchen um ihn, und der erschöpfte kleine Mäuserich sank seelenruhig in den Schlaf zurück.

Am nächsten Morgen erwachte Herr Belvedere frisch und erholt. Er blinzelte sich den Schlafsand aus den Augen und sah sich um. Das Fell, auf dem er und Magnus die Nacht verbracht

hatten, lag unweit eines großen Kamins, in dem jetzt ein lustiges, wärmendes Feuer prasselte. Der Schlafplatz des Dackels war verlassen. Ob Magnus wohl noch in der Nähe war? Da hörte Herr Belvedere auch schon ein Trappeln auf dem Flur, und einige Augenblicke später erschien eine schwarze Dackelnase im Türspalt. Der Dackel trug ein Stück Frühstücksspeck zwischen den Zähnen, das er soeben von seinem Herrchen erbettelt hatte. Magnus legte den Speck vor den kleinen Mäuserich auf den Boden und stupste ihn leicht mit der Nase an. Hier, für dich! Das ließ sich Herr Belvedere nicht zwei Mal sagen: Vom Geruch des gebratenen Specks lief ihm nur so das Wasser im Mäusemäulchen zusammen, und während er das köstliche Frühstück verzehrte, bemerkte er erst, wie ausgehungert er gewesen war.

Als der letzte Bissen verschwunden war, blickte er nach seinem Retter. Dieser hatte sich in der Zwischenzeit wieder auf sein warmes Fell gelegt und döste zufrieden vor sich hin. Unvermittelt durchzuckte ein furchtbarer Gedanke den kleinen Mäuserich: Er hatte ja seine Familie völlig vergessen! Aufgeregt stupste er den Dackel an: Zurück aufs Feld! Zurück aufs Feld! Der kluge Hund verstand sofort. Er richtete sich auf, packte den kleinen Mäuserich vorsichtig am Nackenfell und trug ihn in den Flur hinaus. „Bleib nicht zu lange weg!", rief Dr. Taft aus der Küche seinem Hund nach, als Dackel und Maus das Haus durch den Kücheneingang verließen.

Der Weg zur alten Eiche auf dem Feld kam dem kleinen Mäuserich unendlich lange vor: Ein schlechtes Gewissen plagte ihn, hatte er doch im gemütlichen Fell vor dem warmen Kamin seine Familie vergessen gehabt; außerdem hatte er in den Augen des Dackels längst die Botschaft gelesen: Verzeih mir, dass ich dich früher in deiner Behausung aufgestöbert habe; es ist meine Natur!

Als Herr Belvedere die alte Eiche erblickte, konnte er nicht mehr an sich halten: Er zappelte mit allen vier Pfötchen und wand sich so lange umher, bis Magnus den kleinen Mäuserich fallen ließ. So schnell ihn seine kleinen Mausebeinchen trugen, rannte Herr Belvedere auf den Eingang des Mauselochs zu. Unter der alten Eiche angekommen, stellte er verzweifelt fest, dass die undurchdringliche Schneeschicht, die der Sturm herabgeweht hatte und die ihn von seiner Frau und den vier kleinen Mausekindern trennte, kein böser Traum gewesen war. Dicke Tränen kullerten aus den schwarzen Äuglein des kleinen Mäuserichs, als er an seine geliebte Familie dachte.

Patsch! Ein Brocken klebrigen Schnees landete plötzlich auf Herrn Belvederes Schnauze. Kaum hatte er sie abgeschüttelt, folgte schon die nächste Salve. Herr Belvedere trippelte einige Schritte zur Seite, und da sah er nun klar, was jetzt vor sich ging: Der Dackel Magnus kratzte und buddelte aus Leibeskräften den Schnee vom Eingang des Mauselochs fort. Da war ja schon der Eingang zu sehen! Herrn Belvederes Herz setzte für eine Sekunde aus, aber dann machten seine kleinen Mausebeinchen einen solchen Satz, dass er direkt im Eingang des Mauselochs landete, und er rannte und rannte durch den Laufgang, und da sprang ihm schon seine kleine Mausefamilie unversehrt entgegen, und in einem Taumel unbeschreiblichen Glücks purzelten sie alle ineinander.

Seit diesen zwei Tagen im Winter sah man den Dackel Magnus niemals mehr Mäuselöcher ausheben. Sein Herrchen, Dr. Taft, sagte bei den Spaziergängen auf dem Feld mit der alten Eiche daher des Öfteren: „Ach! Er wird alt." ⟨✕✕⟩

Erika Augustin aus Augsburg

MAMA MUSIKA UND IHRE TÖCHTER

Aida, Tapps und Luzi, die drei kleinen Katzenmädchen, saßen in ihrem Körbchen und schrien nach ihrer Mama. Sie konnten noch gar nicht richtig miauen wie die großen Katzen, nur so ein bisschen fiepen. (Versuch's mal, dann weißt du, wie sich das angehört hat!) Sie hatten Hunger, denn zum letzten Mal hatten sie vor einer Stunde Milch von ihrer Mama bekommen. Eine Stunde ist sehr lang für kleine Kätzchen. Wo war Mama nur? Aida konnte schon am besten die Augen aufmachen und blinzelte. (Das kannst du auch: Die Augen nur so ein bisschen aufmachen und blinzeln.) Keine Mama in Sicht! Es war Aida zu hell und sie machte die Augen schnell wieder zu. Tapps fiepte am lautesten, aber ihre Mama hörte sie nicht. Luzi jammerte nur so vor sich hin. Sie war schon ganz schwach vor Hunger. Schließlich schliefen alle drei ein.

Musika, ihre Mama, wusste schon, dass ihre Babys zuhause im Körbchen auf sie warteten. Doch auf der Suche nach Fressen, und wohl auch aus Neugierde, war sie in eine Gartenhütte gelaufen, deren Tür offen stand. Als sie sich darin umsah, machte ein Mann die Tür zu, einfach so. Musika konnte nicht mehr raus! Erst hielt sie ganz still, denn sie dachte – so wie Katzen eben denken: Wer die Tür zumacht, macht sie auch gleich wieder auf. Aber da irrte sie sich. Der Mann war mit dem Fahrrad weggefahren, um eine Zeitung zu kaufen. Außerdem brauchte er Kleber. Denn immer, wenn in der Zeitung etwas Wichtiges stand, schnitt er das aus und klebte es in ein Heft.

Als er die Zeitung und den Kleber gekauft hatte, radelte er nach Hause, stellte das Rad vor dem Haus ab, ging hinein, setzte sich an den Tisch und fing an, die Zeitung zu lesen. Er las, dass die Leute öfter mal Katzen in Garagen, Schuppen und Kellern einsperrten, ohne es zu merken. Das ist wichtig, dachte der Mann, das schneide ich mir aus und klebe es in mein Heft, damit ich es nicht vergesse. Aber halt, vielleicht habe auch ich aus Versehen eine Katze eingesperrt?

Er stand wieder auf und wollte in der Hütte nachsehen. Als er die Tür aufmachte, kam schon Musika herausgerast. Endlich! Sie lief zu ihren Kindern und legte sich zu ihnen ins Körbchen, damit sie trinken konnten. Dann schliefen sie alle vier ein: Mama Musika, weil sie müde war und sich von dem Schreck erholen musste, und Aida, Tapps und Luzi, weil sie sooo satt waren. Eigentlich sollten Tapps, Aida und Luzi längst das Mäusefangen lernen. Das sollte ihnen ihr Vater beibringen. Der hieß Großmogul. Er wurde so genannt, weil er immer so wichtig tat, besonders wenn er sich die Schnurrbarthaare putzte und sich danach in der Gegend umsah. Dann fanden ihn zwar alle schön, aber auch eingebildet. Großmogul selber fand sich ganz normal. Mama Musika mochte ihn gerne.

Doch Großmogul dachte nicht daran, seine Kinder im Mäusefang zu unterrichten. Alles musste Mama Musika selber machen! Sie ärgerte sich. Sie hatte so Lust auf einen kleinen Ausflug, da könnte er doch auch mal auf die Kleinen aufpassen! An einem schönen Sommernachmittag hielt Musika es einfach nicht mehr aus. Die Kleinen schliefen so schön in ihrem Korb, da konnte sie bestimmt mal schnell auf der kleinen Brücke über den Bach gehen und sich dort auf der Wiese umsehen. Sie machte sich auf den Weg. Es war so lustig wie immer. Es gab Schmetterlinge und Mäuse und einen größeren Jungen, der sein Wurstbrot liegengelassen hatte.

Musika merkte gar nicht, dass schwarze Wolken am Himmel aufgezogen waren. Erst als es donnerte, blitzte und Regen auf ihr Fell tropfte, fiel ihr ein, dass die Kleinen alleine zuhause waren. Der Regen wurde stärker. Das Wasser im Bach stieg immer höher, bis die kleine Brücke unter Wasser stand und man sie nicht einmal mehr sehen konnte.

Musika lief am Ufer auf und ab, aber nirgendwo konnte sie über den Bach. Was sie nicht wusste: Der Wurstbrot-Junge hatte sie schon länger beobachtet und verstand, dass sie auf die andere Seite wollte. Obwohl seine Hose dabei nass wurde, stieg er ins Wasser, streckte Musika seine Arme entgegen und trug sie durch den Bach. Natürlich kratzte ihn Musika dabei ein bisschen, aber nur aus Angst. Als sie drüben waren, sprang sie mit einem Satz aus seinen Armen und rannte zu ihren Kindern. Und wer saß bei ihnen und leckte an ihnen herum? Kater Großmogul, ihr Vater. ◇✕◇

Brigitte Brockfeld aus Meitingen

DIE LIBELLE UND DER SCHMETTERLING

An einem Spätnachmittag im Sommer herrschte an dem kleinen Teich, der wunderbar versteckt inmitten hoher Bäume und Büsche liegt, reges Treiben. Und weil hierher nie Menschen kamen, lebten die Tiere völlig ungestört in ihrem kleinen Paradies. Doch heute schien es, als ob die Ruhe durch ein paar Streithähne unterbrochen würde.

Auf einem Seerosenblatt inmitten des Teiches war es zu Meinungsverschiedenheiten zwischen der Libelle Isabella und dem Schmetterling Rosamunde gekommen und mittlerweile hatten sich neugierige Zuschauer eingefunden, die den Streit gebannt verfolgten. So konnten sie hören, wie die Libelle Isabella spitze Schreie ausstieß, weil die Schmetterlingsdame Rosamunde behauptet hatte, ihr Kleid sei farbenprächtiger und daher viel schöner als das von Isabella. Die ließ nun ihre blau schimmernden langen Flügel elegant in der Sonne auf und ab schweben, während Rosamunde die ihren stolz auf- und zuklappte. Da jede der beiden fest davon überzeugt war, die Schönere zu sein, blieb den Umstehenden nichts anderes übrig, als einen neutralen Schiedsrichter zu Hilfe zu rufen, damit der Streit ein Ende finden konnte.

Wer wäre dafür besser geeignet gewesen als die dicke, lebenserfahrene Hummel namens Berta. Diese erklärte sich auch sofort bereit, diese wichtige und verantwortungsvolle Aufgabe zu übernehmen. Gleich zu Beginn stellte sie fest, dass ihr Urteil ohne Gemurre anerkannt werden und wieder Ruhe am Teich einkehren müsste. Und weil Berta eine überaus kluge Hummel war, blickte sie in die Runde der Zuschauer und wählte aus diesen eine Fliege, einen Wasserläufer, eine Biene und sogar einen kleinen Frosch aus, damit diese ihr helfen sollten, ein gerechtes Urteil zu fällen.

„Ich werde euch jetzt fragen, wen ihr schöner findet", eröffnete Berta das Schiedsgericht, „also, wer für Rosamunde stimmt, hebt jetzt bitte die Hand." Berta blickte in die Runde und zählte

vier erhobene Hände. „So und jetzt die Gegenprobe, wer ist für Isabella? Hände hoch!" Und als Berta nun nachzählte, kam sie ebenfalls auf vier Hände. „Damit ist die Sache entschieden, keine von euch ist die Schönste, ihr seid beide gleich schön!"

„Das kann ja wohl nicht sein", entsetzte sich die Libelle Isabella, „habt ihr denn alle keine Augen im Kopf?" „Oh doch", brummte da Berta zornig, „wir sehen alle sehr gut. Aber du musst wissen, dass für den einen noch lange nicht schön ist, was dem anderen gefällt. Wo kämen wir denn hin, wenn wir alle den gleichen Geschmack hätten? Das wäre doch furchtbar langweilig, meinst du nicht auch? Außerdem ist jeder von uns schön und einzigartig und ihr beiden solltet euch ganz besonders freuen, dass euch die Natur so wunderschön ausgestattet hat. Ich persönlich finde euch beide ausgesprochen zauberhaft und jetzt will ich meine Ruhe haben!"

Von dieser langen Rede erschöpft summte Berta leise vor sich hin, machte es sich auf ihrem Seerosenblatt gemütlich und setzte ihr Schläfchen fort. Auch die anderen Tiere wandten sich wieder ihren Beschäftigungen zu und achteten nicht mehr auf die beiden Rivalinnen. So bekamen sie auch nicht mit, dass sich Isabella und Rosamunde verschämt ansahen und gleichzeitig feststellten, dass die andere tatsächlich etwas Bezauberndes an sich hatte und dass es ausgesprochen dumm war, einen Vergleich anzustellen. Da lächelten sie sich zu, erhoben sich gleichzeitig in die Lüfte und ließen ihre schillernden Flügel in der untergehenden Sonne leuchten, dass es eine Freude war. ◇✕◇

Anne Grillenberger aus Hohenaltheim

FABIAN UND DIE KATZE MINE

Fabian darf heute nach der Schule zu Oma fahren, mit der Straßenbahn. Mama hat Fabian eine Karte für die Straßenbahn gegeben. Fabian weiß, dass er die Karte in der Straßenbahn in den kleinen Kasten stecken muss. Erst wenn es klingelt, darf er die Karte wieder herausziehen. Fabian freut sich auf die Fahrt mit der Straßenbahn, auf Oma, ihren kleinen Garten mit dem Holzhäuschen und auf Katze Mine. Und er freut sich darauf, dass Oma ihm wahrscheinlich wieder zwei Euro schenkt.

Oma wartet an der Straßenbahnhaltestelle. Sie winkt Fabian zu. „Hallo, Oma", ruft Fabian. „Ich hab es geschafft!" „Prima, Fabian", sagt Oma, „lass uns gleich in den Garten gehen. Ich habe Gemüsesuppe gekocht." In Omas Garten angekommen, rennt Fabian ins Gartenhäuschen. Katze Mine liegt auf ihrem Lieblingsplatz, der Werkzeugkiste. Oma hat ihr dort eine Decke hingelegt. Mine schläft fest. Fabian würde sie gerne streicheln. Aber Oma hat gesagt, dass Mine es nicht mag, wenn man sie weckt. „Sie will selber aufwachen", sagt Oma.

Fabian setzt sich an den kleinen, wackligen Gartentisch in der winzigen Stube. Oma rührt in dem Topf, der auf der Kochplatte steht. Sie nimmt zwei Teller aus dem Küchenschränkchen. Mit einem Schöpflöffel gibt sie Suppe in die Teller. Fabian probiert die Suppe. „Hm, schmeckt gut, Oma", sagt er. „In der Suppe ist nur Gemüse aus meinem Garten", sagt Oma.

Als sie mit dem Essen fertig sind, sagt Fabian: „Du, Oma, als ich letztes Mal hier bei dir war, hast du mir doch den kleinen Geldbeutel geschenkt. Der wie eine Maus aussieht." Oma lacht. „Oh, ich verstehe“, sagt sie, „du möchtest, dass die kleine Maus wieder Futter bekommt.“ „Ja… nein“, stammelt Fabian, „die kleine Maus ist verschwunden… Äh, ich hab den Geldbeutel verloren.“ „Das ist aber schade“, sagt Oma. „Waren die zwei Euro noch drin?“ „Ja“, sagt Fabian, „ich habe in allen Taschen im Anorak gesucht und die Schultasche ausgeleert. Nichts!“

„Miau“, tönt es von der Werkzeugkiste her. Mine ist aufgewacht. Sie springt von der Kiste und spaziert zum Tisch. „Sie will wissen, was es bei uns zu essen gibt“, sagt Oma. Mine schnurrt und streicht um Omas Beine. Oma steht von ihrem Stuhl auf und sagt: „Ich gebe ihr etwas in ihren Futternapf.“ Sie öffnet ein kleines Paket Katzenfutter und füllt es in Mines Futterschüsselchen. Mine frisst langsam und ohne zu schmatzen ihr Futter. „Sie ist eine feine Dame“, sagt Oma. „Sie leckt ihren Napf so sauber, dass kein Krümelchen übrig bleibt.“

Als Mine ihren Napf ausgeleckt hat, verschwindet sie hinter dem Mülleimer. „Was macht sie denn jetzt?“, fragt Fabian. „Heute früh hab ich in der Ecke so ein leises Rascheln gehört“, sagt Oma. „Ich bekomme immer mal wieder Besuch von Mäusen. Ich wette, Mine hat schon was gerochen.“ Mine ist nicht zu sehen, aber zu hören. Mit ihren Krallen bearbeitet sie Kartonteile, die Oma hinter dem Mülleimer aufgestapelt hat. „Was macht die denn mit den Kartons?“ wundert sich Fabian.

Als Fabian aufsteht, um zu schauen, was Mine macht, springt sie ihm entgegen. Aus ihrem Maul baumelt etwas Graues. „Sie hat wirklich eine Maus erwischt", ruft Oma.

Mine legt das graue Ding vor Fabians Füße. Er glaubt es kaum! Es ist sein Mausgeldbeutel! „Du hast meinen Geldbeutel gefunden", jubelt Fabian. Er bückt sich und hebt den Geldbeutel auf. Als er den Reißverschluss des Geldbeutels öffnet, blitzt ihm das Zwei-Euro-Stück entgegen. „Und die zwei Euro sind auch noch da!", ruft Fabian. „Anscheinend hast du den Geldbeutel hier vergessen", sagt Oma. „Aber wie konnte der hinter den Mülleimer kommen?" „Das weiß Mine bestimmt", sagt Fabian. „Wenn sie nur reden könnte!" Fabian setzt sich zu Mine auf den Boden. Er streichelt ihr seidiges Fell. Mine schnurrt. „Danke, Mine", sagt Fabian, „du bist wirklich eine sehr feine Dame!" ◇✕◇▸

Walter Kohler-Hartl aus Bellenberg

ROTHELMCHEN UND DER BÖSE FUCHS

Heute erzähle ich euch das Märchen von Rothelmchen, dem Fuchs und dem braven Wolf… „Halt" werdet ihr sagen, „du lügst uns an. Das heißt doch Rotkäppchen und es war ein böser Wolf, und ein Fuchs war gar nicht dabei!" Ja, ja. Die Erwachsenen, die euch vom bösen Wolf, der die Großmutter gefressen hat, erzählen, die schwindeln. Glaubt ihr das wirklich? Stellt euch doch mal vor, so ein kleiner Wolf soll einen Menschen fressen? Da lach ich ja. Die Wölfe sind brav und verstecken sich im Wald. Sie haben Angst vor den Menschen. Also ich erzähle euch eine wahre Geschichte:

Lisa hieß das Mädchen, sie wohnte mit ihren Eltern in einem schönen Haus. Lisa hatte ein neues Fahrrad und fuhr ziemlich wild durch das Dorf. Ihre Mutter warnte sie: „Fahr nicht

so schnell!" Doch Lisa lachte: „Ach Elsa, mir passiert schon nichts." Vater Alfred schimpfte jedes Mal, wenn Lisa zu ihrer Mutter Elsa sagte. „Nein, Mama sag ich nicht, ich bin doch kein kleines Kind!", maulte Lisa da zurück.

Eines Tages kaufte Vater Alfred einen roten Fahrradhelm für Lisa. „Der wird aufgesetzt, zu deiner Sicherheit!" Und so fuhr Lisa mit ihrem roten Helm jeden Tag in die Schule und die Leute riefen: „Vorsicht, da kommt Rothelmchen!" So bekam Lisa ihren Spitznamen.

Es war Freitagnachmittag, als die Mutter zu Lisa sagte: „Nimm dein Fahrrad und bringe Oma den Kuchen und eine Flasche Wein. Ich hab dir alles in den Rucksack gepackt. Und komm nicht zu spät heim." „Jawohl Elsa", sprach Lisa, nahm den

Rucksack und holte ihr Fahrrad aus der Hütte. Oh, das Fahrrad hatte einen Plattfuß. „Dann nehme ich den Mofaroller von Ralf", dachte sich Lisa. Ralf war ihr Bruder. Als Lisa den Roller startete, kam die Mutter angerannt: „Lisa, du darfst nicht mit dem Roller fahren, du hast doch keinen Führerschein!" „Dann fahr ich eben durch den Wald, da kommt keine Polizei", schrie Lisa und brauste davon. Das war eine Freude. Dieser heiße Ofen ging ab wie die Feuerwehr. Ralf hatte ihn frisiert, das dürfen die Eltern nicht wissen. Da wird Oma schauen. Ja, durch den Wald durfte sie eigentlich nicht fahren, da waren Motorfahrzeuge verboten. Nur der Förster hatte die Erlaubnis.

Im Wald war es still und so hörte der Fuchs das Motorengeräusch. „Den werde ich stoppen!", dachte er und legte einen großen Ast über den Waldweg. Lisa musste stark bremsen und rutschte in den Graben. Der Fuchs half ihr, den Roller auf die Straße zu schieben, und meinte: „Ach Lisa, hast du dir wehgetan? Da hat doch der blöde Wind einen Ast heruntergerissen."

„Jetzt haben wir dich erwischt, ein Fuchs kann doch nicht sprechen, du lügst uns doch an!", werdet ihr jetzt sagen. Ja, liebe Kinder, ihr glaubt, dass der Wolf Rotkäppchen auf ihre Frage „Großmutter, warum hast du so ein großes Maul?" mit „Damit ich dich besser fressen kann" antwortet, aber dass ein Fuchs sprechen kann, das glaubt ihr nicht? Ich will es euch erklären:

Die Lehrerin von Lisa hatte einen großen Schäferhund, der war so gescheit, dass er jedes Wort verstand. Da dachte die Lehrerin, wie wäre es, wenn sie eine Sprache erfinden würde, die alle Tiere und Menschen verstehen könnten. Gesagt, getan. Sie übte mit ihrem Hund jeden Tag zwei Stunden. Und nach drei Monaten hatte sie eine einfache Sprache entdeckt, die ihr Hund begriff. Es waren einfache Worte, die sie dem Hund beibrachte:

„Wau wau"	heißt	„Ich begrüße dich."
„Oau"	heißt	„Ich habe Hunger."
„Rrr"	heißt	„Lass mich in Ruh."
„Ui Pfui"	heißt	„Das ist verboten."
„Wau jurri juchhei"	heißt	„Ich freue mich."

Und so ging es weiter. Jede Woche ein neues Wort. Nach einem Jahr konnte sie mit ihrem Hund sprechen und er antwortete ihr. Eines Tages lud sie den Förster und Lisa ein. Die zwei waren begeistert von der neuen Sprache, die Menschen und Tiere leicht lernen konnten. Der Förster und Lisa übten nun regelmäßig mit dem Hund. Und als Lisa die Sprache beherrschte, ging sie in den Wald und probierte mit dem Fuchs die Sprache. Der Fuchs hatte keine Angst vor Lisa und begriff sehr schnell. Der Rabe hatte auch zugehört und sprach alles nach und schrie durch den Wald: „Ui Pfui" oder „wau wau".

Nachdem auch die Wolfsfamilie die Sprache beherrschte, hielt der Förster im Wald eine Versammlung ab. Familie Fuchs und Familie Wolf waren auch anwesend, obwohl sie Angst hatten. Der Förster erklärte ihnen: „Ihr braucht keine Angst zu haben, die Menschen tun euch nichts." Als Fuchs und Wolf beinahe ausgestorben waren, beschloss nämlich die Regierung, dass keine Tiere mehr gejagt werden dürfen, und die wenigen Tiere müssen vom Förster gefüttert werden. Die Bauern protestierten, weil sie glaubten, die Tiere stehlen ihnen ihre Gänse und

Hühner. Aber der Förster versprach den Bauern: „Ich sorge dafür, dass das nicht passiert." Bei der Versammlung zeigte er den Tieren große Bilder von den Hühnern, Gänsen, Hasen und Schafen. Bei jedem Bild sprach er „Ui Pfui!" und zeigte ihnen sein Gewehr. Da wussten die Tiere, dass sie nicht mehr jagen dürfen, sonst wird auf sie geschossen. Der alte Wolf jammerte: „Bei uns in Polen gab es Weihnachten immer Gänsebraten."

Auch der Fuchs murrte: „Ich will mein Hühnchen." Aber da der Förster ihnen versprach, dass sie gutes Futter von ihm kriegen, waren sie einverstanden. Als aber der Fuchs heimlich um den Hühnerhof schlich, war der Förster auf der Lauer und zielte mit dem Gewehr auf den Fuchs. Ein lauter Knall und der Fuchs rannte um sein Leben. Was der Fuchs aber nicht wusste: Das Gewehr war nur mit Platzpatronen geladen. Der Fuchs erzählte es den anderen. „Nein, ich werde nicht mehr jagen, es ist viel zu ge-

fährlich." Und alle Füchse und Wölfe hielten sich seitdem an die Abmachung. Jetzt erzähle ich aber die Geschichte weiter, wo war ich denn stehen geblieben, ach so…

Lisa schaute nach dem Roller. Es war nichts passiert. Der Fuchs hatte ein Körbchen voll Pilze gesammelt, die wollte er der Großmutter bringen. Lisa sagte zu ihm: „Steig auf, ich nehm dich mit." Oma saß im Garten und sah die beiden kommen. Sie erkannte Lisa an ihrem roten Helm. „Hallo Lisa, hast du deinen Freund dabei?" „Ach Oma, das ist doch der Fuchs, du musst unbedingt eine Brille kaufen." „Nein, nein, eine Brille macht mich so alt." Lisa packte den Kuchen und die Flasche Wein aus, der Fuchs gab Oma das Körbchen mit den Pilzen. „Danke Fuchs", sagte Oma, „kommt herein, dann koche ich gleich die Pilze." Und sie gab dem Fuchs eine Banane. Lisa wusste, dass der Fuchs Oma öfters Pilze, Erdbeeren und Himbeeren brachte und er bekam immer ein Geschenk. Als die Pilze gekocht waren, deckte Oma den Tisch, und sie aßen gemeinsam. Nur der Fuchs meinte „Ich hab keinen Hunger" und verabschiedete sich.

„Komisch", dachte Lisa. Sie ahnte ja nicht, dass der Fuchs einige Schlafpilze unter die Steinpilze gemischt hatte. Diese Pilze machen zuerst lustig und dann müde. Da staunte Lisa, als Oma anfing zu singen, und als sie auch noch eine CD in den Rekorder schob, nahm sie Lisa an der Hand und tanzte mit ihr durch die Stube. So lustig hatte Lisa Oma noch nie erlebt. Die beiden lachten und tanzten, doch auf einmal wurden sie müde. Lisa konnte gerade noch ihrer Mutter eine SMS schicken. „Elsa, ich bleib bei Oma über Nacht. Morgen ist ja keine Schule." Dann sind sie beide eingeschlafen. Darauf hatte der Fuchs, der ums Haus schlich, nur gewartet. Er kletterte durch das Fenster in die Speisekammer und stahl eine große Wurst und verschwand. Am anderen Morgen kam der Förster mit Ralf, der seinen Roller

holen wollte. Oma und Lisa lagen noch im Bett, so müde waren sie. Der Förster sah Lisa streng an: „Du bist mit dem Roller gefahren, ohne Führerschein. Noch einmal, dann muss ich dich anzeigen!" Lisa dachte: „Der Förster wird mich nie anzeigen, ich gebe seinem Sohn Nachhilfe." Oma wollte Ralf und dem Förster einen Orangensaft servieren. Als sie in die Speisekammer ging, sah sie, dass das Fenster offen stand. „Hilfe, hier war ein Einbrecher, es fehlt eine große Wurst!"

Der Förster schaute nach Spuren. Am Fenster entdeckte er ein Büschel Haare. „Das sind Haare vom Wolf, dem werde ich helfen." Er wusste ja nicht, dass der Fuchs, der Schlawiner, die Wolfshaare hingelegt hatte. Da hatte Lisa einen Plan, wie man dem Dieb den Appetit verderben könnte. „Ich besorge eine Wurst und die füllen wir mit Peperoni und Pfeffer." Oma war einverstanden. „So", sagte der Förster: „Ralf, du nimmst deinen Roller, fährst aber die Landstraße und nicht durch den Wald, und Lisa nehm ich mit dem Auto mit."

Eine Woche später fuhr Lisa wieder zur Oma, diesmal aber mit dem Fahrrad und brachte die Wurst mit. Abends schlich der Fuchs um das Haus und sah das offene Fenster. Er konnte nicht widerstehen und klaute die Wurst und fraß sie gierig auf. Aber

was war das? Er bekam einen wahnsinnigen Durst und eilte zum Bach und soff eine große Menge Wasser. Davon bekam er dann Bauchweh. Oma und Lisa hörten sein Stöhnen und fanden ihn am Bach, den Kopf unter Wasser. Sie zogen ihn heraus. Lisa sang: „Fuchs, du hast die Wurst gestohlen!" Oma schimpfte: „Und wir haben den Wolf verdächtigt, hau ab und lass dich nicht mehr blicken!" Da zog der Fuchs den Schwanz ein und schlich nach Hause. Dort schimpfte ihn seine Frau: „Haben sie dich wieder mal erwischt? Ich sag dir zum letzten Mal, lass das Stehlen sein, was soll unser Sohn von dir denken?"

Ach so, das muss ich euch noch erzählen: Herr und Frau Fuchs hatten einen Sohn, der war ganz anders als sein Vater. Felix, so hieß er, war ein ganz Lieber. Er stahl nicht, war freundlich zu allen Tieren und Menschen. Er ging auch mit Lisa ins Dorf. Als sie einmal an einem Bauernhaus vorbeigingen, stürmte der Hofhund auf Felix los, aber sofort kamen die Gänse angeflogen, stellten sich dem Hund entgegen und schimpften: „Lass den Fuchs in Ruhe! Er ist unser Freund!" Ja, auch die Gänse haben die neue Sprache gelernt.

Felix bekam dann von den Gänsen drei große Eier geschenkt, die er in seinem kleinen Rucksack verstaute, den er immer dabeihatte. Lisa ging dann noch in das Lebensmittelgeschäft und kaufte für Felix ein. Drei schöne Bananen, die die Füchse so

gern aßen. Felix schaute durch das Schaufenster und entdeckte die junge Verkäuferin. So ein schönes Mädchen hatte er noch nie gesehen. Sie hatte rote Haare, so ein schönes Rot, das alle Füchse so lieben. Auf dem Heimweg strahlte er und hüpfte und tanzte. Lisa dachte: „Jetzt hat es ihn erwischt, er hat sich verliebt."

Am nächsten Tag kam er zu Lisa und hatte ein Körbchen Himbeeren dabei. Er nahm Lisas Hand und zog sie mit ins Dorf. Im Lebensmittelgeschäft gab er der Verkäuferin das Körbchen. Sie freute sich: „So schöne Waldhimbeeren hast du für mich gepflückt?", sagte sie und nahm ihr seidenes Halstuch, das sie dem Fuchs um den Hals band. Da war Felix glücklich. Auf dem Heimweg probierte er, auf den Hinterbeinen zu laufen. Das hatte bisher noch kein Fuchs geschafft. Er wollte wie ein Mensch auf zwei Beinen laufen, um der Verkäuferin zu imponieren. Lisa staunte: Er schaffte es.

Aber eine Woche später kam die große Enttäuschung. Als er mit einem Blumenstrauß ins Dorf kam, war das Mädchen nicht mehr da. Es hatte geheiratet. Alles war umsonst, nur das Halstuch blieb ihm. Felix trug es Tag und Nacht. Die Mutter lachte ihn aus: „Du spinnst doch, auch wenn du auf zwei Beinen läufst, die Menschen wollen doch keinen Fuchs als Freund." Da war Felix traurig. Er aß nichts mehr, saß nur am Waldesrand und schaute zum Dorf hinunter.

Lisa hatte Mitleid mit ihm. Sie wusste, wenn einer Liebeskummer hat, dann darf man ihn nicht auslachen. Sie überlegte, wie man Felix helfen könnte. Da hatte sie eine Idee: „Ich schau, ob ich im Internet eine Freundin für Felix finde!" Gesagt, getan. Unter Füchse.de fand sie die Adresse vom Tierpark München. Sie schickte eine SMS an den Direktor und berichtete über den Liebeskummer eines jungen Fuchses im Bayerischen Wald. Am nächsten Tag kam die Antwort: „Habe junges Fuchsmädchen und bringe es vorbei."

Und so war es. Der Direktor brachte die junge Füchsin persönlich vorbei. Sie fuhren gemeinsam mit dem Förster in den Wald. Als die Füchsin über die Waldwiese spazierte, sah Lisa, wie Felix neugierig an ihr schnupperte. Er wedelte vor Freude mit dem Schwanz und beide verschwanden im Wald. Lisa dankte dem Direktor, und der Förster versprach ihm, auf die beiden aufzupassen. Am nächsten Tag sah Lisa, wie die beiden am Waldesrand spazierten, und sie sah, dass das Fuchsmädchen das seidene Halstuch trug. Felix hatte also eine neue Freundin.

Nun wollt ihr wissen, wie es weiterging? Langsam erholten sich die Wölfe und Füchse im Wald. Aus dem Osten wanderten ein Dachspaar und ein junger Wolf zu. Es gab wieder viele Singvögel und der Kuckuck war auch wieder da. Der Rabe rief den ganzen Tag „Ui Pfui, wau wau". Die Tiere hatten keine Angst mehr vor den Menschen. Die Leute brachten ihnen jede Woche Brot, Äpfel und Bananen und im Wald gibt es viele Beeren, Nüsse und Pilze. Nur der Wolf-Opa jammerte: „Aber in Polen gab es zu Weihnachten immer eine Gans!" „Ja, ja, Opa, früher war alles besser", lachten ihn die anderen Tiere aus. Lisa heiratete den Sohn des Försters, und sie hatte immer noch den roten Fahrradhelm auf. Wenn sie durch Wald und Feld fuhr, freuten sich die Tiere und riefen: „Hallo Lisa!" ◇✕◇

Helga Radek aus Schwabhausen

DER KLEINE STREUNER BERNI

Berni war ein kleiner, junger Hund. Er war noch nicht sehr groß, aber auch nicht mehr sehr klein. Er lebte bei seinem Frauchen und Herrchen, und es ging ihm sehr gut bei ihnen. Man wohnte in einem Haus mit einem kleinen Garten. Natürlich gab es draußen immer etwas Neues zu entdecken. Im Garten allerdings kannte er bereits fast alles. Er durfte meistens mit dem Auto mitfahren, wenn es wohin ging. Am liebsten hatte er es, wenn mal das Autofenster nicht ganz zu war und er seine kleine Schnauze herausstreckte und der Fahrtwind ihm richtig in sein Gesicht blies. Aber das Fenster wurde meist schnell wieder geschlossen, damit er keine Bindehautentzündung an den Augen bekam. Fast täglich ging man mit ihm spazieren. Meistens an der Leine, denn im Dorf war es nicht erlaubt, Hunde frei laufen zu lassen. Es war schon schwierig für Berni, denn viele gute Düfte wehten ihm um die Nase. Aber mit einer Leine um den Hals konnte man halt nicht immer dorthin, wo es gerade am besten roch.

Eines Tages, er war alleine zu Hause, schnupperte Berni durch den Garten. Was sah er da plötzlich? Das Gartentürchen stand offen. „Ha, ha", dachte er sich, „was mache ich jetzt?" Außerhalb des Gartens gab es ja Unendliches zu entdecken. Er musste hinaus. Es war einfach nicht möglich, daheim zu bleiben. Er würde schon aufpassen, dass ihm nichts geschieht und dass er vor allem wieder nach Hause findet.

Berni marschierte stolz die Straße hinunter und begegnete einer Katze. Er wusste schon, Katzen sind nicht unbedingt Hundeliebhaber. Also schaute er gar nicht nach ihr. Denn einen Hieb mit ihren Krallen von der Nachbarskatze hatte er schon mal abbekommen. Autos kannte er ja und wusste, die Dinger sind gefährlich. Immer schön am Straßenrand laufen. Er kam an einer großen Wiese vorbei. Da konnte man wunderbar rennen, ohne groß aufpassen zu müssen. Vorsicht vor Bienen, denn auf den Wiesen gab es viele davon, und wehe wenn

die einen in die Schnauze stechen, oh je, das tut weh. So streunerte Berni durch die Gegend. Plötzlich kam er zu einer ganz eigenartigen Straße oder so was Ähnlichem. Er hatte dies noch nie gesehen. Nicht sehr breit, links, rechts und in der Mitte kleine Steine, dazwischen in gleichen Abständen gleich breite, längliche Betonstreifen und  zum Abschluss rechts und links ein durchgehendes Eisenband. Es war eine Eisenbahnlinie. Berni hatte noch nie eine Eisenbahnlinie gesehen und wusste auch nicht, wozu die gut war.

Er war ganz überrascht, man konnte auf dem Eisenband (er meinte die Schienen) nicht laufen, aber auf den Schwellen konnte man in gleichen Abständen wunderbar hüpfen. Berni hatte mächtig Spaß, wenn er jedes Mal richtig sprang und nicht daneben landete. Er schaute weder rechts noch links und auch nicht nach hinten, sondern immer nur geradeaus.

Da ja Hunde bekanntlich sehr, sehr gut hören, vernahm er ein Geräusch, das er nicht kannte. Er drehte sich um. Um Himmels willen, was kam da auf ihn zu? Ein riesiges Ungetüm, das immer schneller näher kam. „Was mach' ich nur", dachte sich

Berni. Es gab nur einen Ausweg. Rennen, rennen und nochmals rennen. Aber so schnell er auch rannte, das Ungetüm, das ein herannahender Zug war, kam immer näher. Berni konnte nicht mehr. Die Zunge hing ihm schon bis zum Boden. Er bekam schon keine Luft mehr. Außerdem musste er immer aufpassen, dass er auf die Eisenbahnschwelle sprang und nicht daneben.

Aber es passierte nun doch. Bevor er sich wieder aufrappelte und der Zug so nah war, dass er über ihn hinwegfahren würde, duckte er sich ganz fest auf den Boden zwischen zwei Eisenbahnschwellen und der Zug brauste über ihn hinweg. So lag er da mit geschlossenen Augen und zitterte am ganzen Körper. Als er seine Augen wieder aufmachte, merkte er, dass ihn der Zug nicht zusammengefahren hatte, sondern über ihn hinweggefahren ist, ohne ihn zu berühren.

Man kann sich vorstellen, wie froh Berni war. Schnell verließ der das Eisenbahngleis. Jetzt aber nichts wie nach Hause. Zum Glück wusste er noch, wie er laufen musste, um wieder daheim anzukommen. Sein Frauchen sah er schon von weitem. Es suchte ihn schon und rief nach ihm. Er bellte laut, so dass Frauchen ihn hörte. Die Freude war für beide sehr groß, dass sie sich wieder hatten. ◇✕◇

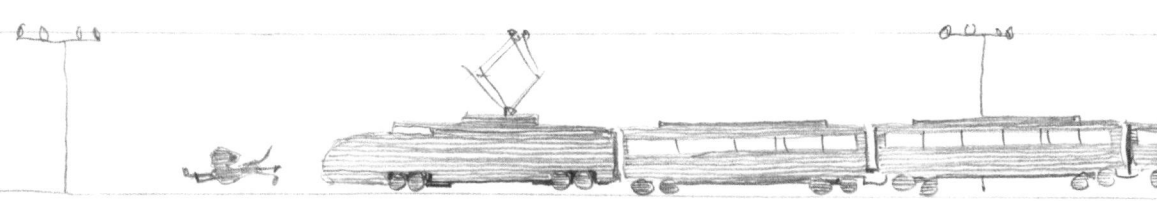

Waltraud Schneider aus Augsburg

KNICKSI, DER EINSIEDLERKREBS

Darf ich mich vorstellen, ich bin Knicksi, der Einsiedlerkrebs. Ich lebe auf dem Meeresgrund. Wir Einsiedlerkrebse sind von der Natur so beschaffen, dass wir immer wachsen. Wir haben ein Haus, das wir immer mit uns tragen. Es ist häufig ein verlassenes Schneckenhaus. Haben wir gut zu essen gefunden, wachsen wir und dann wird unser Haus zu klein und wir brauchen ein neues. Zurzeit bin ich wieder auf Haussuche. Ich kann mich nicht mehr in mein Haus richtig zurückziehen, und das

ist schlecht für mich. Es gibt nämlich einige Meeresbewohner, die mich gerne verspeisen würden. Deshalb schaue ich umher, ob irgendwo ein leeres Haus ist, in das ich hineinpasse. Ah, da ist ja eins, nichts wie hin. Aber oh, das ist ja bewohnt. Also weitersuchen. So, da ist noch ein Haus, mal sehen, ob es leer ist und ob ich hineinpasse. Ja, das geht. Juhu, das ist vorerst mein neues Zuhause, bis das Haus auch wieder zu klein ist. So ist das also mit uns Einsiedlerkrebsen. Tschüss. ◇✕◇

Karl Kohout aus Augsburg

BENJAMIN LERNT FLIEGEN

Es war Frühling und Opa hatte einen Traum. Da war das alte Vogelhäuschen am Balkon. Er wünschte sich, dass es in diesem Jahr bewohnt würde. Jeden Tag beobachtete er das Häuschen. Ein Star kam angeflogen und versuchte, in das Häuschen einzudringen. Das Eingangsloch aber war für ihn zu klein. Er kam nicht hinein, obwohl er es mehrmals versuchte. Doch dann kam eine Meise. Sie hüpfte auf die kleine Stange am Häuschen, sah sich um und rief: „sizipä, sizipä." Die Meise verschwand im Häuschen. Angelockt durch das Rufen „sizipä, sizipä" kam ein zweiter Vogel angeflogen. Auch dieser testete die neue Heimat, und so wurden sie eine Vogelfamilie. Jetzt beobachtete Opa, wie die Vögel jeden Tag die Möbel in das Haus brachten, vor allem für das Bett, das Nest. Eifrig schafften sie trockenes Moos und Federn und Haare herbei.

Eines Tages war es so weit, die Vögel wurden Eltern. Opa merkte es dadurch, dass ein Vogel im Nest blieb und der andere ihn fütterte. Das Weibchen hatte Eier gelegt. Wie viele mögen es wohl sein? Der Opa konnte es nicht sehen. Das Weibchen saß auf den Eiern und brütete sie aus. „Es müssen wohl viele Vogelkinder sein, denn die Eltern fliegen hin und her, um Futter  zu bringen", dachte sich der Opa. Nach einiger Zeit hörte er ein Piepsen, das immer lauter wurde. Und plötzlich verließ auch das Weibchen wieder das Vogelhaus. Wenn die Eltern Würmer und anderes Futter zum Nest brachten, nahmen sie beim Wegflug noch Kotbällchen mit, um das Haus sauber zu halten. So beobachtet Opa zu bestimmten Zeiten ein Kommen und ein Wegfliegen der Eltern.

Menschenbabys wachsen, und so ist es auch bei den Vogelkindern. Das war eine Überraschung: Eines Tages schaute der Kopf eines Vogelkindes aus dem Häuschen heraus. Ein zweites zwängte sich an ihm vorbei, und so ging es eine ganze Weile. Es war so spannend, dass Opa vergaß, die Zeitung zu Ende zu lesen. Wie wird es sein, wenn sie das Nest verlassen? Und wie viele Vogelkinder sind es? Opa war ganz gespannt. Die Vogeleltern benahmen sich merkwürdig. Sie saßen unten in den Büschen und riefen: „Hallo, kommt heraus, es gibt Futter."

Opa machte sich Sorgen. Die kleinen Vögel waren noch nie geflogen und das Häuschen war am Balkon im 2. Stock. Es musste so weit kommen: Der erste kleine Vogel setzte sich mutig auf die Stange vor dem Loch. Die Eltern waren sehr aufgeregt und riefen von ganz unten aus den Büschen: „Trau dich und flieg, du kannst es, trau dich, trau dich, flieg." Es muss wohl der Erstgeschlüpfte aus den Eiern gewesen sein. Er war mutig und fest entschlossen, flog und landete in den Büschen. Die Eltern waren sofort da und riefen: „Gut gemacht, gut gemacht!"

Nun kam einer nach dem anderen, und es flogen schon sechs Vogelkinder. Die Eltern hatten schon eine ganze Weile die Kinder nicht mehr gefüttert, das holten sie jetzt sofort nach. Doch ein kleiner Vogel war noch im Häuschen: Benjamin, der Zuletztgeschlüpfte. Er schaute aus dem Häuschen und hüpfte auf die Stange. Er wollte eigentlich das Häuschen nicht verlassen. Aber die Eltern riefen und er hatte mächtigen Hunger. Ganz gespannt beobachtete Opa den Vogel Benjamin. Da! Benjamin flog und landete am Balkon. Was sollte Opa nun tun? Er hob ihn vorsichtig auf und setzte ihn auf die Stange, für einen zweiten Versuch. Ein kleines Federbällchen war Benjamin. In das Häuschen wollte der kleine Vogel aber nicht mehr hinein. Auf einmal flog er los. Opa atmete erst einmal durch. Es war gut gegangen.

Wenig später läutete es an der Tür. Die Nachbarin Frau Schüller stand da mit dem Benjamin in der Hand. Er war nur bis auf den nächsten Balkon geflogen. Opa nahm den Winzling vorsichtig und trug ihn zu den Eltern hinunter in den Garten. Er setzte ihn ganz sachte in einen Busch. Dann beobachtete Opa vom Balkon aus, wie die Eltern sich um Benjamin kümmerten und ihn fütterten. Opa meinte: Es dauert manches Mal eine kleine Weile, bis man so mutig ist und eine große Tat vollbringt. Benjamin wird bestimmt ein mutiger Vogel werden. Vielleicht kommt er eines Tages zurück, als Vater in Opas Vogelhäuschen.

Schlaf gut und träum was Schönes, vielleicht vom Benjamin, dem Vogelkind. ◇✕◇

HIER

Hans Gerbig aus Gersthofen

DER KATER
UND DAS MÄUSLEIN

Ein Kater, als schlimmer Wüterich in seinem Jagdrevier gefürchtet, hat ein Mäuslein gefangen. Verächtlich mustert der Jäger seine Beute und spottet: „Du Winzling bist es nicht wert, gefressen zu werden. So will ich doch wenigstens meinen Spaß mit dir haben." Er nimmt das Mäuslein ins Maul und schüttelt es grob hin und her, sodass ihm Hören und Sehen vergeht. Nur sein Stimmchen versagt ihm nicht ganz den Dienst. So piepst es denn in höchster Not: „Du willst Spaß haben. Lass mich los. Ich kann dich fabelhaft unterhalten."

Seiner Beute ganz sicher, lässt der Kater das verängstigte Mäuslein nach kurzem Zögern frei. Sofort schlägt es einen Salto, dann noch einen, macht einen Kopfstand, dann zierliche Tanzschritte. Das sieht sehr spaßig aus. „Nicht übel", meint der Kater gönnerhaft, „aber nichts behagt mir so sehr, wie wenn ich dich richtig durchschütteln kann; immer hin und her. Fabelhaft das Gefühl, wenn mir einer so völlig ausgeliefert ist." Doch das Mäuslein findet sich nicht damit ab. „Lass es mich noch einmal versuchen! Dazu singe ich den neuesten Katerschlager, den wir in der Mäuseschule gelernt haben."

Der neueste Katerschlager? Das macht den Kater neugierig. Will er doch wissen, ob er genügend Angst und Schrecken in seinem Revier verbreitet. So lässt er das Mäuslein gewähren. Dieses nähert sich, singend und erstaunliche Kunststücke vollführend, einem engen Abflussrohr, in dem es schließlich verschwinden will. Gedankenlos folgt ihm der Kater und bleibt mit dem dicken Kopf in der engen Öffnung stecken; er kann weder vorwärts noch zurück. „Mir fällt nichts mehr ein", meint das Mäuslein, „ich werde mich wohl damit abfinden müssen, dass du mich packst und zu Tode beutelst."

Der Kater möchte kleinlaut den Kopf schütteln, aber es gelingt ihm nicht. „Also nicht!", lässt sich das Mäuslein noch einmal vernehmen. „Vielleicht möchtest du dann zusammen mit mir ein nettes Mäuselied singen? Das bringt Sanftheit in deinen katerwilden Kopf." In seiner verzweifelten Lage würde sich der Kater auf weitaus schlimmere Demütigungen einlassen. So tut er, wie empfohlen. Und tatsächlich helfen die sanften Töne, den Katerkopf, nach geduldigem Bemühen, aus der Enge zu befreien. Das ist dem Kater hoffentlich eine Lehre: Lass alles grobe Wüten sein, setz deinen Kopf gewaltfrei ein! ◇✕◇

Brigitte Welp aus Kempten

TAP,
DER NEUGIERIGE IGEL

Der kleine Igel Tap wohnte mit seinen Eltern und Geschwistern unter einem großen Haselnussstrauch am Waldrand. Die kleinen Igel waren schon im Bett, da hörte Tap, wie der Vater zur Mutter sagte: „Ich gehe noch mal weg, ich muss noch was besorgen." „Was muss der Vater wohl besorgen?", dachte Tap, und neugierig, wie er war, schlich er ihm hinterher. Nun haben

ja alle Igel kurze Beine, aber die Beinchen von Tap waren natürlich noch kürzer als die des Vaters. Daher konnte Tap auch nicht so schnell laufen und hatte den Vater bald aus den Augen verloren. Aber er war so neugierig und marschierte weiter.

Eine kleine Schlange überholte ihn, doch das störte ihn wenig. Aber als mit „hui-hui-hui" ein Käuzchen über ihn flog, erschrak er doch. „Ihr braucht keine Angst zu haben", hatte die Igelmutter ihren Kindern gesagt, „wenn euch Gefahr droht, rollt ihr euch zusammen und streckt eure Stacheln raus, und niemand kann euch etwas antun." Das fiel dem kleinen Igel wieder ein, und trotzdem war ihm nicht ganz wohl. Es wurde immer finsterer und zu regnen fing es auch noch an.

Tap wusste gar nicht, in welche Richtung er gehen sollte. Plötzlich streifte ihn ein Lichtstrahl, und dann noch einer und noch einer – dazu brummte es: rumrummrumm. Das musste die große Straße sein! Tap bekam einen Mordsschreck! Davon hatte

die Mutter immer gewarnt. „Die müsst ihr auf jeden Fall meiden", hatte sie gesagt, „die Autos können euch nicht sehen und eure Stacheln können euch dort nicht retten."

Tap machte kehrt, stolperte und kugelte die Böschung hinunter. Ein kleines Mäuschen huschte an ihm vorbei und lachte recht frech. Endlich stand er wieder auf seinen kleinen Füßen und zitterte am ganzen Körper. Er weinte bitterlich, und sein kleines Herz pochte zum Zerspringen. Er war ganz verzweifelt! Da hörte er plötzlich die Stimme des Vaters: „Ist das ein Wetter, Igeline, es wird wohl bald Winter werden." Da rieb sich Tap die Äuglein und hörte neben sich seine Brüder Tip und Top schnarchen, und ihm war klar, er hatte diese schreckliche Geschichte nur geträumt. War er froh, dass er in seinem warmen, trockenen Blätterbettchen lag! Glücklich und zufrieden kuschelte er sich an seine Brüder und schlief bald ein. ◇✕◇

Ulla Kling aus Stadtbergen

DIE SCHNECKE UND DER REGENWURM

In der Nacht hatte es geregnet. Es war ein sanfter, warmer Sommerregen. Am Morgen war der Garten noch feucht, und das war für die kleine Schnecke mit ihrem großen Haus auf dem Rücken das schönste Schneckenwohlfühlwetter, das sie sich nur vorstellen konnte. So kroch sie gemütlich dahin, knabberte mal da an einem Salatblatt, mal dort an der Spitze eines Triebes, der mal eine wunderschöne Blume werden sollte. Aber dazu hatte das zarte Pflänzchen keine Chance mehr, da hatte unsere Schnecke schon dafür gesorgt. Als sie sich gerade so für sich dachte, „ach, ist das Leben schön", da spitzte direkt vor ihr ein seltsames Gebilde aus dem Gras und reckte sich wie ein kleiner Finger nach oben. „Wer oder was bist denn du?", fragte die Schnecke.

„Na so was", meinte das seltsame Ding, „ich bin doch ein Regenwurm, das sieht man doch." „Und woran soll man das denn bitte sehen, wenn du da so halb und nicht ganz aus dem Boden kriechst? Lass dich also bitte mal ganz sehen, wenn du mit mir redest. Ich bin schließlich eine gebildete Schnecke und habe sogar ein eigenes Haus." „Aha", meinte der Regenwurm nur und kroch also ganz aus der Erde. „Da bin ich. Ganz toll lang bin ich, jetzt sagst du wohl nichts mehr?" – „Und wo ist dein Haus?" Die Schnecke bewegte sich bei dieser Frage ganz langsam um den Regenwurm herum und hinterließ dabei eine seltsame Spur. Dann fragte sie: „Und was machst du sonst so?"

So eine Frage hatte dem Regenwurm noch nie jemand gestellt. Was sollte ein Regenwurm auch schon machen, als sich in die Erde zu wühlen und bei Regen nach oben zu kommen und sich ein wenig in der Welt umzusehen? Damit war er als Regenwurm vollkommen zufrieden, und das sagte er der Schnecke. „Aber das ist ja furchtbar langweilig, immer nur in der dunklen, schmutzigen Erde herumkriechen und dann nicht einmal ein eigenes Haus haben! Schau mich an, ich habe es zu etwas gebracht. Ich kann mir jeden Morgen den leckersten Salat aussuchen und keiner kann mich daran hindern, alles leer zu fressen. Na ja, jeder, wie er meint." Sie fuhr ihre beiden Fühler ganz, ganz weit aus, reckte sich weit aus ihrem Haus und machte sich mit hoch erhobenem Schneckenkopf langsam daran, davonzukriechen.

Dem Regenwurm war das eigentlich egal, mit so hochnäsigen Zeitgenossen wollte er sowieso keine nähere Bekanntschaft schließen, aber da fiel der Schnecke noch etwas ein: „Wo ist denn bei dir eigentlich hinten und vorne?" „Ah ja", der Regenwurm kringelte sich etwas, sodass er nach hinten sehen konnte. „Ich glaube, an diesem Ende da unten, das ist bei mir hinten." – „Sowas Blödes aber auch. Du weißt also nicht einmal, wo dein Kopf ist? Jedes Wesen muss doch irgendwo einen Kopf haben, schau mich an, ich hab einen schönen Kopf mit wundertollschönen Fühlern drauf. Bei mir verwechselt niemand hinten und vorne, und dann hab ich ja ein eigenes Haus." „Ja, ja, ja, das weiß ich ja nun", antwortete der Regenwurm. Langsam ging ihm das Getue mit dem blöden Haus ganz schön auf die Nerven.

„Na, dann mach ich mich mal wieder vom Acker, äh, in die Wiese, ich hab noch zu tun", sagte er. „Was hast du denn schon zu tun, niemand, nicht einmal ein Mensch, braucht so einen unnützen Regenwurm", sagte die Schnecke. „Eine Schnecke sicher auch nicht. Außerdem muss ich die Erde lockern, dafür sind mir die Menschen im Allgemeinen sehr dankbar", sagte der Regenwurm trotzig. „Dir, dankbar? Dieses Gespräch langweilt mich langsam. Man sieht sich", entgegnete die Schnecke. „Muss nicht sein", meinte der Regenwurm nur und schickte sich gerade an, sich mit gekonnten Windungen – das hatte er nämlich drauf – in das feuchte Erdreich zu wühlen.

Da wurde es auf einmal dunkel über den beiden. Ein riesiger Schatten bewegte sich auf die Schnecke und den Regenwurm zu, und alle beide erstarrten vor Schreck. Der Regenwurm erfasste es sofort: Da waren ein sehr großer und ein sehr kleiner Mensch, die sich nun über unseren kleinen Wurm beugten.

„Da sieh mal an, ein Regenwurm", sagte der große Mensch zu dem kleinen Menschen. Der kleine Mensch sagte gar nichts und guckte nur gebannt auf den Wurm direkt vor seiner kleinen Nase. „Weißt du auch, mein Kleiner, wie nützlich so ein Regenwurm ist?", fragte der große Mensch, „er macht, dass die Erde in unserem Garten immer schön locker bleibt und die Blumen gut wachsen können. Du darfst also nie auf so einen kleinen Regenwurm treten. Sollte sich einer mal auf die Straße verirren, nimm ihn behutsam mit einem Ast und bring ihn zurück ins Gras. Hast du das verstanden, mein Kleiner?" Der kleine Mensch nickte nur ganz heftig und freute sich an dem kleinen Regenwurm, der sich nun nicht mehr tot stellte, sondern vor lauter Stolz über das Lob ganz dick anschwoll. Dafür wurde er etwas kürzer, aber das bemerkte der kleine Mensch nicht.

Die Schnecke saß unter einem Salatblatt und ärgerte sich, weil der doofe, dumme Wurm so gelobt wurde. Sie ärgerte sich so sehr, dass ihre Fühler zitterten, und dann wurde sie vor lauter Ärger unvorsichtig. So was kann sich doch keine anständige Schnecke anhören, also nichts wie weg! Aber da hörte sie ihn schon, diesen schrecklichen Unheil verkündenden Satz: „Was sehe ich denn da – eine Schnecke?" Nun weiß ja jeder von euch, dass eine Schnecke nicht das schnellste Geschöpf unter allen tierischen Geschöpfen auf der Welt ist – außer vielleicht einer Rennschnecke, und die hat ihren Namen eigentlich auch zu Unrecht. Jeder Fluchtversuch war also zwecklos. Da half nichts mehr anderes als der Rückzug in das schützende Haus, wofür hat man es denn? Also Fühler einfahren und schnell verschwinden. Nur, das hatte unsere ach so kluge Schnecke nicht bedacht – nun lag ja immer noch gut sichtbar das Haus da.

„Sieh mal, mein Kleiner, das schöne Schneckenhaus – aber leider, leider, dich will ich nicht in meinem Garten", sprach's, und das Haus samt Schnecke drinnen flog in einen Eimer. Das schepperte richtig, weil da schon viele Schneckenhäuser drinlagen. Nun war der große Mensch ein sehr guter Mensch, der keinem Tier etwas Böses wollte, auch nicht einer Schnecke. Er brachte den Eimer weit weg von seinem Garten und leerte ihn dort aus. Es war auf jeden Fall eine Stelle, wo dieses Schneckengetier keinen Menschen mehr ärgern konnte. Der Regenwurm

freute sich tierisch und dachte nur: „Das hast du nun von deinem blöden Haus, du brummeldumme Schnecke" – und wühlte sich zufrieden zurück in seine feuchte Erde.

Und du wühl und kuschel dich jetzt in dein Kissen und schlaf mit süßen Träumen, bis morgen früh die Sonne wieder lacht.

Annelies Mayr aus Eppishausen

DIE MAUS UND DAS EICHHÖRNCHEN

Diese Geschichte erzählte mir schon mein Großvater: Es war November. Der Sturm keuchte und brauste durch den Wald, dass die Bäume sich bogen und die Wipfel krachend zusammenschlugen. Er heulte und pfiff um das Haus, als wollte er sagen: „Jetzt komm ich!" Eine jahrhundertalte Eiche stand mächtig und furchtlos am Waldesrand. Ihr hatte der Sturm all die Jahre nichts anhaben können. Verächtlich sah sie zum Haselstrauch hinab, der sich ängstlich duckte. „Was bist du für ein Feigling?", lachte ihn die Eiche aus. „Ich habe Angst um meine Kinder", bebte der Haselstrauch, „hast du keine Angst?", fragte er die Eiche. „Angst", wunderte sich die Eiche, „was ist das?"

Sie sollte es bald erfahren. Der Sturm tobte immer heftiger. Böse riss er an Ästen und Zweigen. Da ein Splittern und ein Krachen: Ein großer Ast der Eiche wurde abgerissen. Der Boden

209

war übersät mit Eicheln, und auch der Haselstrauch hat all seine Haselkinder verloren. Da kam ein Eichhörnchen vorbei. „Was gibt es denn hier Feines", freute es sich, „damit werde ich gleich meine Vorratskammern füllen. Wer weiß, wann der Winter kommt und wie lange er dauert." Als es fertig war, setzte es sich zufrieden auf einen Ast der Eiche und dachte: „Jetzt hab ich genug zu fressen, jetzt kann von mir aus der Schnee kommen."

Als das Eichhörnchen vom Baum herabsah, kam die Haselmaus vorbei: „Hallo Haselmaus“, rief das Eichhörnchen, „ich habe dir noch Haselnüsse übrig gelassen für deine Vorratskammer.“ „Danke“, piepste die Maus, „das ist sehr anständig von dir.“ Sie füllten eilig ihre Speisekammern. Dann machten sich beide wieder sorglos auf den Weg. Doch sie hatten nicht mit den Menschen gerechnet. Auch die kamen in den Wald, weil der Winter nahte. Die Menschen schlugen den Baum, in dem Eichhörnchen, Haselmaus und andere Tiere wohnten, um in der kalten Jahreszeit Holz für eine warme Stube zu haben.

Eichhörnchen und Maus waren noch auf Achse, als es über Nacht schneite. Eilig machten sie sich auf zu ihren Winterquartieren bei der Eiche. Doch groß war ihr Schreck, als sie zu ihren Wohnungen kamen. „Hier war doch unser Baum“, wunderte sich das Eichhörnchen. „Und unter der großen Wurzel war

mein Haus", piepste die Maus traurig. „Jetzt müssen wir verhungern", klagten beide, „die Menschen haben unseren Baum
mitsamt den Wurzeln ausgerissen. Was machen wir denn nun?"
Suchend sahen sie sich um.

Da sah die Maus auf einen großen Brombeerstrauch. Und als
sie hingingen, lagen da all die Eicheln und Nüsse, die sie gesammelt hatten. Wer hatte die Nahrung dort hingebracht? Das
wussten die beiden nicht. Sie freuten sich aber trotzdem. Die
Maus richtete sich unter dem Brombeerstrauch ein. Und das
Eichhörnchen fand einen hohlen Baum ganz in der Nähe. Eilig
füllten sie noch mal ihre Speisekammern auf. Es war höchste
Zeit. Denn über Nacht fiel sehr viel Schnee und der Sturm wehte eine hohe Schneewehe zu dem Brombeerstrauch. Das Mäuschen kam nun nicht mehr raus. Aber das musste es auch gar
nicht. Mit einer vollen Voratskammer muss eine Maus ja kein
Mäusebein vor die Tür in den hohen Schnee setzen. ◇✕◇

Eva Knittel aus Königsbrunn

DER STORCH MAX UND DAS FRÄULEIN FROSCH

An einem kleinen, kühlen Teich wohnte in einer behaglichen Schlammwohnung ein Froschfräulein. Seine Freunde nannten es Emilia, und Emilia hatte viele Freunde: den Molch, die Kröte, den Krebs und die Fische. Eines Tages ging Emilia auf der benachbarten Wiese spazieren, man muss sagen, sie hüpfte spazieren, wie es Frösche halt so tun. Da sah sie plötzlich einen riesigen Schatten. „Ach du liebe Güte, ein Storch! Ein Storch auf unserer Wiese und an unserem Teich! Das kann für uns Frösche nichts Gutes bedeuten." Sie machte einen Riesensatz und flüchtete unter das nächste Grasbüschel. Doch der langbeinige Storch ließ sich nicht abschütteln. Wo sie auch hinsprang, in wenigen Augenblicken war er wieder bei ihr.

Dann hörte sie seine klappernde Stimme: „Hallo, kleines hübsches Fräulein Frosch! Ich bin Max, der Storch, und ich würde dich gerne begleiten." Emilias Herz raste vor Angst. „Mich begleiten", stammelte sie, „um mich zu fressen? Nein, das kommt gar nicht infrage!" „Was denkst du von mir?", verteidigte sich Max, „ich möchte nur wissen, wo du wohnst. Ich möchte in deinem Garten Rosen pflanzen." Emilia traute ihren Ohren nicht. Vorsichtig spähte sie hinter ihrem Grasbüschel hervor. „Rosen pflanzen? Wozu das denn?", fragte sie ungläubig und betrachtete den Storch ein bisschen genauer. „Nun ja", erklärte Max ein wenig verlegen, „jetzt im Frühling pflanze ich Rosen in deinem Garten. Und dann werde ich sie den Sommer über gießen. Und wenn sie blühen, binde ich einen Strauß." Jetzt fühlte sich Emilia doch ein wenig sonderbar. Das war wirklich ein komischer Storch, dachte sie und kroch jetzt ganz hinter ihrem

Grasbüschel hervor. „Und was machst du dann mit dem Rosenstrauß?", fragte sie neugierig. Max hüpfte verlegen von einem
Storchenbein aufs andere. Er kratzte sich mit seinem langen,
roten Schnabel den Rücken und klapperte dann ganz leise: „Ja,
dann schenke ich dir den Rosenstrauß und werde dich fragen,
ob du meine Frau werden willst. Du wirst sehen, wir werden
eine schöne Zeit miteinander haben."

Emilias kleines Herz hüpfte vor Aufregung. Sie wurde ein wenig
rot in ihrem Froschgesicht und quakte: „Das freut mich sehr. Ich
muss dir vorher aber noch ein Versprechen abnehmen: Lass die
Tiere in unserem Teich und auf unserer Wiese in Ruhe und hol
dir dein Fressen woanders her!" Damit war Max einverstanden.
Er begleitete Emilia zu ihrer gemütlichen Schlammwohnung
und pflanzte Rosen in ihrem Garten. Gemeinsam sahen sie den
Rosen beim Wachsen und Blühen zu. Und als der Sommer fast
schon zu Ende ging, wurde eine große Hochzeit gefeiert. Die
Grillen zirpten um die Wette, die anderen Frösche machten ein
grandioses Froschkonzert und die Storchenfreunde klapper-
ten mit ihren Schnäbeln im Takt dazu. Emilia und Max hatten
wirklich eine gute Zeit miteinander. Sie gingen gemeinsam spazieren, erzählten sich Geschichten, und er klapperte, während
sie glücklich vor sich hinquakte.

Dann war der Sommer zu Ende. Die ersten kühleren Herbsttage kamen. Max traf sich immer häufiger mit seinen Freunden, den anderen Störchen. „Was die nur zu besprechen haben?", fragte sich Emilia. Sie kuschelte sich in ihr gemütliches Schlammloch, wo es noch ein wenig wärmer war als draußen auf der Wiese. Immer länger blieb Max von daheim fort. Eines Nachmittags kam er ganz aufgeregt von einem dieser Storchentreffen und klapperte: „Ich muss wieder fort. Wir fliegen nach Afrika. Tut mir leid, aber ich kann im Winter nicht hier bleiben." Er zwickte Emilia noch einmal zärtlich mit seinem langen, roten Schnabel, breitete seine weißen Flügel aus und schwang sich in die Luft.

Emilia blieb allein zurück. Große Tränen kullerten aus ihren Froschaugen. Noch tiefer kroch sie in ihr Schlammloch. Sie dachte an den warmen Sommer und den herrlichen Rosenstrauß, den Max ihr geschenkt hatte. Dann fielen ihr die Augen zu und sie träumte vom nächsten Frühjahr, von der blühenden Wiese und von ihrem Max. Und im Traum freute sie sich schon auf die Zeit, wenn sie das erste Klappern der zurückkommenden Störche wieder hörte. ◇✕◇

ABENTEUERLICHES

Rosemarie Stetter aus Memmingen

DREI BÄREN UND DIE GRÜNE SEIFE

Es fing alles damit an, dass bei Familie Bär die Seife ausgegangen war. So beauftragte Mama Bär den Papa Bär, doch eine Baby-Bären-Seife aus der Stadt mitzubringen. Am Abend nämlich sollten alle drei Bärchen gebadet werden. Sie freuten sich den ganzen Tag auf das tolle Geplansche und die wilden Spiele in der Badewanne. Als Papa Bär am Abend nach Hause kam, war schon das Badewasser gerichtet und die drei Bärenkinder staunten nicht schlecht, als Papa Bär ein großes, rundes, grünes

Seifenstück aus der Tasche zog. Sofort trug es der älteste Klein-Bär, gefolgt von den beiden anderen, ins Bad, wo sie sogleich in die Wanne stiegen – natürlich mit der großen, grünen Seife.

Hei, war das ein Spaß, wie sie sich gegenseitig einseiften, dass es nur so schäumte. Das Fenster stand offen, dass der Dampf entweichen konnte – und es war ja auch Sommer. Mit einem Mal glitschte die Seife dem Bär Nummer zwei aus den Tatzen. In großem Bogen flog die grüne, runde Seife zum Fenster hinaus auf die Straße und in den Rinnstein. Das sah Nachbars Hund Maxi und dachte, es sei ein Ball. Er schnappte danach und trug die grüne Seife in den Garten. Erst dort merkte er, dass das gar kein Ball sein konnte und spuckte den Schaum aus. Es schmeckte scheußlich nach Maiglöckchen. Maxi ließ die Seife einfach liegen.

Nicht lange darauf kam ein Vogel angeflogen und schaute sich das grüne Ding an. Er hackte ein wenig daran herum und fand es unbrauchbar. Das alles beobachtete aber eine Maus, die gut getarnt vor ihrem Mäuseloch saß. Sie kam näher und beroch die kleinen Splitter und fand den Geruch sofort sympathisch. Sie sammelte ein paar Stückchen ein und trug sie in ihre Mäusewohnung.

Die drei Bären aber saßen immer noch in der Badewanne. Als sie sich von ihrem Schreck erholt hatten, riefen sie laut nach Mama Bär. Sie kam gleich angelaufen und hörte sich die Geschichte an. Sogleich machte sie sich mit Papa Bär auf die Suche und dachte, so weit kann ja so eine nasse Seife nicht geflogen sein. Draußen im Rinnstein war etwas Schaum zu sehen, aber keine Seife. Der Hund Maxi, der sehr gescheit war, dachte sich seinen Teil. Er entschloss sich, die Seife zu holen, denn er mochte die ganze Bärenfamilie. So überwand er sich und nahm das Seifenstück ins Maul, um es zurückzubringen.

Da aber glitschte das Seifenstück aus Maxis Maul und flog über den Zaun, direkt vor Mama Bärs Füße. Erstaunt, woher so plötzlich die Seife kam, aber froh, sie wiederzuhaben, nahm sie das grüne Ding vom Boden und trug es ins Badezimmer. Die drei Bären stimmten ein Freudengeheul an – und der Badespaß ging weiter. Allerdings bei geschlossenem Fenster. ◇✕◇

Rosemarie Hellwig aus Bad Wörishofen

FRIEDOLIN, DER REGENWURM

Stundenlang hatte es geregnet, aber endlich kam die Sonne zum Vorschein. Im Vorgarten eines kleinen Hauses schüttelten sich die Blätter der Sträucher und Blumen, um die vielen Wassertropfen loszuwerden. Da rührte sich in einer Ecke etwas. Ganz langsam kam ein langer Regenwurm aus der Erde gekrochen. Das war Friedolin. Er schaute neugierig in die Runde und meinte, jetzt könne man doch wieder richtig Luft holen. Mit seinem Schwanzende klopfte er ein paar Mal und gab so das Zeichen für seine Frau Isabella, auch ihre Nase aus der Erde raus und in die Luft zu strecken.

„Riecht das nicht gut?", fragte Friedolin seine Frau. „Oh ja, ganz wundervoll, da werde ich mal die Kinder wecken", antwortete sie. „Mach das, die haben jetzt genug geschlafen. Wir sollten jetzt mal schauen, ob es in der Umgebung etwas Neues gibt", sagte Friedolin.

Kurze Zeit später steckten zwei süße kleine Regenwürmer ihre Nasenspitzen in die Luft. „Ach, wie schön", sagte Tinchen, die Jüngste. „Schau nur, Bruderherz, die Sonne lacht uns an", sagte sie zu ihrem Bruder Fränzchen. Der schaute erst rechts, dann links, musste einmal niesen, da die Sonne ihn an der Nase kitzelte, und kroch dann ganz aus der Erde heraus. Er wollte schon loskriechen, da rief aber die Mutter ganz ängstlich: „Bleib hier Fränzchen, wir wollen doch alle gemeinsam einen Ausflug machen." Also blieb Fränzchen liegen und wartete auf den Rest der Familie. Gemeinsam krochen dann alle vier erst einmal in den Nachbarsgarten. Doch dort gab es keine Veränderungen zu sehen, also ging es weiter auf den Gehweg und dann vorsichtig über die kleine Straße in die Parkanlage gegenüber.

Drüben angekommen sagte Friedolin zu seiner Familie: „Schaut euch doch die Pracht der Blüten an den Bäumen an. Auch die Tulpen und Osterglocken sind aufgeblüht. Wir kriechen jetzt einmal zum Bach rüber, mal sehen, ob sich das Mühlrad dreht." Also machte sich die kleine Familie auf den Weg zum Bach. Tatsächlich drehte sich das Mühlrad, das Wasser sprudelte darüber, und in der Sonne glänzten die Wassertropfen wie funkelnde Sterne. Die Regenwurmkinder waren ganz begeistert und hätten gerne ein paar funkelnde Sterne eingefangen, doch dazu waren sie zu klein, die Tropfen waren ja so hoch.

Nachdem sich die Familie etwas ausgeruht hatte, ging es wieder zurück in den kleinen Vorgarten, in dem sie schon seit vielen Monaten Quartier bezogen hatten. Dort lagen sie erst einmal faul in der Sonne, die ihre kleinen dünnen Körper wärmte. „Man müsste mal so einen richtig großen Ausflug machen, ganz weit fort", sagte Fränzchen. „Ja, das wäre schön, mal etwas anderes sehen. Die Welt soll doch so groß sein, nicht nur so ein paar Gärten und Straßen wie hier", antwortete seine Schwester Tinchen. Auch Mutter Isabella schaute ganz sehnsüchtig in die Runde. „Ich möchte so gerne mal wieder meine Heimat Italien

sehen", meinte sie. Friedolin schaute zu ihr rüber und überlegte, wie man das wohl anstellen könne. Nach einer Weile hatte er eine Idee: „Mein Freund Kalle hat mir einmal erzählt, dass er sich in einer leeren Gemüsekiste versteckt hatte, die dann mit einem großen Lastauto nach Italien gefahren wurde. Dort hat er dann die Familie seiner Mutter besucht. Ein paar Tage später ist er wieder in eine Kiste gekrochen, die dann aber voll mit Äpfeln war. So kam er wieder hierher zurück. Wäre das nicht einen Versuch wert?"

Die Familie war ganz begeistert von dieser Idee. Also ging Friedolin auf Erkundigungstour. Er fand tatsächlich einen befreundeten Regenwurm, der ein Grundstück kannte, auf dem immer ganz große Lastwagen standen, die nach Italien fuhren und dann wieder mit voll beladenen Kisten zurückkamen. Friedolin brauchte eine ganze Woche, um festzustellen, wann die Lastwagen abfuhren. Er erzählte dann alles seiner Familie, die sich nach einer kurzen Nacht noch in der Dunkelheit auf den Weg zu diesem Grundstück machte.

Es war ganz leicht, eine passende Kiste zu finden, in der noch etwas feuchte Erde war. Alle versteckten sich und gleich danach ging es holterdiepolter los. Fränzchen und Tinchen konnten

nicht genug bekommen. Wie schön war die Fahrt, und was gab es doch alles zu sehen. Ganz hohe Berge wurden erklommen, der Lastwagen fuhr dann sehr langsam hinauf. Oben angekommen, hatte die Regenwurmfamilie einen wundervollen Ausblick auf ein sonniges Land. Auch ein großer See war zu sehen. Friedolin fragte seine Frau Isabella: „Kennst du diesen See oder die Gegend?" – „Aber sicher, da hinten am Ende des Sees liegt doch Casaflora, das große Haus mit dem wundervollen Garten, in dem ich aufgewachsen bin", antwortete Isabella. „Vielleicht lebt sogar Onkel Beppo noch, der kann uns alles zeigen."

Die Wurmfamilie kroch an einem Rastplatz, ganz in der Nähe des großen Hauses, aus der Kiste und so schnell sie konnte zu dem wunderschönen Garten rüber. Friedolin und Isabella überlegten jetzt, wie man sich bemerkbar machen könnte. Ihnen war klar, dass unter der Erde auch hier Regenwürmer lebten. Plötzlich tauchte ein großer Hund auf und beschnupperte Friedolin und Fränzchen mit einer feuchten Nase. Isabella und Tinchen bekamen einen großen Schreck und zitterten um die beiden Familienmitglieder. Doch dem Hund gefiel wohl der Geruch der Regenwürmer nicht, so sprang er weiter um das Haus herum in den rückwärtigen Teil des Gartens.

Plötzlich ertönte ein Jauchzer neben unseren Freunden. „Wenn das nicht meine Lieblingsnichte Isabella ist", sagte ein alter, dicker und langer Regenwurm. Isabella freute sich wie ein kleines Kind und schlug mit ihrem Schwanz immer wieder auf den Boden. Ach, wie schön war es doch, Onkel Beppo wiederzusehen. Isabella stellte ihm ihren Mann und ihre Kinder vor und erklärte, wie sie alle aus Deutschland nach Italien gekommen waren. Onkel Beppo war tief beeindruckt und nahm alle mit in seine große Röhrenwohnung unter der Erde. Dort zauberte er aus allen Winkeln Essen heraus und bewirtete seine Verwandten sehr großzügig. Für unsere kleine deutsche Familie war es ein fremdes Essen, es schmeckte ihnen aber trotzdem recht gut.

Am nächsten Tag zeigte Onkel Beppo ihnen die Umgebung. Der See glänzte im Sonnenlicht, viele fremde Menschen waren unterwegs. Die Regenwürmer mussten höllisch aufpassen, um nicht zertreten zu werden. Friedolin kroch um seine Kinder immer wieder herum und zeigte ihnen, wie man den Menschen am besten aus dem Weg kriechen kann. Fränzchen

und Tinchen waren so begeistert, so schön hatten sie es sich nicht vorgestellt. Nach ein paar Tagen aber hatten alle genug, die Erde hier war doch nicht so gut wie in ihrer Heimat. In Italien regnete es ja nicht so oft, also war die Erde viel fester, man hatte manchmal große Schwierigkeiten, sich unter der Erde vorwärts zu bewegen. Friedolin machte sich dann mit Onkel Beppos Hilfe auf die Suche einer geeigneten Rückfahrmöglichkeit. Immer wieder mussten sie andere Regenwürmer fragen, was etwas schwierig war, denn wegen der Wärme waren die meisten ja unter der Erde. Sie mussten dort erst einmal gefunden werden.

Doch nach ein paar Stunden hatten sie Erfolg. Eine Regenwurmmoma zeigte ihnen den Hof, von dem Lastwagen mit vollen Obstkisten regelmäßig Richtung Norden fahren. Die beiden Regenwurmmänner schauten sich auf dem Hof um und fanden dann auch eine schöne Kiste. Onkel Beppo blieb zurück, um die Kiste zu bewachen. Denn es konnte ja sein, dass der Lastwagen früher als erwartet startete. Dann musste ja eine andere Möglichkeit gefunden werden. Friedolin kroch in gewaltigen Zügen zu seiner Familie zurück und mit dieser dann wieder so schnell wie möglich zu dem Hof mit den Lastwagen. Er sorgte dafür, dass seine Lieben eine gute Unterkunft fanden.

Onkel Beppo lag vor der Kiste und dachte darüber nach, wie einsam doch sein Leben ohne diese lieben Verwandten wieder sein würde. Kurz entschlossen kroch er über den Kistenrand in das kleine Versteck. Isabella war darüber glücklich. „Ich werde in Deutschland ganz lieb für dich sorgen, Onkel Beppo", versprach sie. Auch Friedolin sagte, er werde sich um den alten Onkel kümmern.

Die Rückfahrt war langweilig, da der Lastwagen die ganze Nacht durchfuhr. Es gab nichts zu sehen, also machten alle ein Nickerchen. Nur Friedolin blieb wach. Er wollte den Platz für den Absprung nicht verpassen. Es klappte ganz wunderbar. Als unsere kleinen Ausflügler wieder in ihrem Garten, in der vertrauten Umgebung, eingetroffen waren, sagte Friedolin: „Es war ein schöner Ausflug, ich habe ihn sehr genossen. Aber zu Hause ist es doch am schönsten." Sowohl Isabella als auch Fränzchen und Tinchen konnten nur zustimmen. Die Erde hier in ihrem geliebten Garten war so wunderbar locker, es gab hier immer frisches Essen, es schmeckte einfach besser. Onkel Beppo musste sich an das fremde Essen erst gewöhnen. Aber er war glücklich, nicht mehr alleine zu sein. Er hatte jetzt wieder eine Familie, die sich um ihn kümmerte. ◇✕◇

Markus Wand aus Weiler

DIE GESCHICHTE VOM KLEINEN MISTKÄFER

Es war einmal vor langer Zeit, da lebte ein kleiner Mistkäfer auf einer großen Wiese mit seinen Mistkäferfreunden. Sie alle waren fröhliche und fleißige Gesellen, die den ganzen Tag mit nichts anderem beschäftigt waren, als Kugeln aus Mist zu formen, denn auf dieser Wiese lebte auch eine Herde von Kühen. So lebten sie tagaus und tagein, rollten ihre Mistkugeln vor sich her und fielen abends erschöpft in ihre Bettchen. Dem kleinen Mistkäfer war dies irgendwann einmal einfach zu dumm. Eines Morgens stand er mit seinen Mistkäferfreunden auf, machte gerade sein Bettchen, als er sich schließlich zu seinen Artgenossen umdrehte und laut sagte: „Hört mir bitte mal alle zu! Ich weiß nicht, wie ihr das seht, aber es kann doch nicht sein, dass wir den ganzen lieben langen Tag nichts anderes tun, als aus Mist Kugeln zu formen. Wo kommen wir denn da hin? Es muss doch noch einen anderen Grund geben, wieso wir hier sind! Oder was meint ihr?" Zuerst herrschte absolute Ruhe im Schlafraum; die anderen Mistkäfer schauten ihn mit großen – zum Teil noch sehr verschlafenen – Augen an und wussten erst nicht so recht, was sie darauf sagen sollten. Doch dann fanden sie alle ihre Stimme wieder und ein jeder plapperte lauthals drauflos. Es war ein Höllenlärm. Der kleine Mistkäfer konnte nur das wenigste davon verstehen. Aber was er verstand, machte ihm schnell klar, dass sich seine Käferfreunde darüber noch nie Gedanken gemacht hatten und sich auch nie welche machen würden. „…was bildet der sich ein…", „…was kann es Schöneres geben, als Kugeln aus Mist zu formen…", „…wenn es dir nicht passt, kannst du ja gehen…". Deshalb schnürte er sein Bündel und machte sich auf den Weg, um herauszufinden, ob es nicht noch einen anderen Grund gäbe, wieso er hier auf der Erde lebte. Die anderen verspotteten und lachten ihn aus. Doch das störte den kleinen Mistkäfer nicht. Er war fest davon überzeugt, eine Antwort auf seine Frage zu finden. „Die werden sich noch wundern!", dachte er sich.

Als er schon einige Zeit auf dem Weg war, kam er an einer Heuschrecke vorbei, die auf einem Grashalm saß und daran herumknabberte. „Hallo Heuschrecke, ich bin der kleine

Mistkäfer und habe eine Frage an dich." „Hallo", antwortete die Heuschrecke, „nun sag schon, was hast du auf dem Herzen?" „Ich forme den ganzen Tag Kugeln aus Mist. Bin ich mit der einen Kugel fertig, kommt auch schon die nächste dran. Ich möchte mich ja nicht darüber beschweren, es macht mir ja eigentlich auch Spaß, aber bin ich nicht noch für etwas anderes auf dieser Welt?" Die Heuschrecke überlegte einen Moment und schüttelte den Kopf. „Weißt du, ich sitze den ganzen Tag auf irgendwelchen Grashalmen herum und knabbere daran. Bin ich mit dem einen Grashalm fertig, hüpfe ich auf den nächsten und knabbere weiter. Jeden Tag. Wieso solltest du dann etwas anderes tun, als jeden Tag deine Mistkugeln zu formen? Nein, ich glaube, du hast keine andere Aufgabe." Der kleine Mistkäfer bedankte sich für die Antwort und ging nachdenklich weiter. Nein, mit dieser Antwort wollte er sich nicht zufriedengeben.

Nach einiger Zeit kam er an einer Spinne vorbei. Sie hockte in ihrem Netz und wartete auf unvorsichtige Fliegen, die sich darin verfingen. „Hallo Spinne, ich bin der kleine Mistkäfer und habe eine Frage an dich." „Hallo", antwortete die Spinne, „nun sag schon, was hast du auf dem Herzen?" „Ich forme den ganzen Tag Kugeln aus Mist. Bin ich mit der einen Kugel fertig, kommt auch schon die nächste dran. Ich möchte mich ja nicht darüber beschweren, es macht mir ja eigentlich auch Spaß, aber bin ich nicht noch für etwas anderes auf dieser Welt?" Die Spinne überlegte einen Moment und schüttelte den Kopf: „Weißt du, ich sitze den ganzen Tag hier in meinem Netz und warte darauf, dass sich unvorsichtige Fliegen darin verfangen. Und wenn der Wind mein Netz zerstört, baue ich mir ein neues. Jeden Tag. Wieso solltest du dann etwas anderes tun, als jeden Tag deine Mistkugeln zu formen? Nein, ich glaube, du hast keine andere Aufgabe." Der kleine Mistkäfer bedankte sich für die Antwort und ging nachdenklich weiter. Nein, auch mit dieser Antwort wollte er sich nicht zufriedengeben.

Schließlich traf er auf einen Regenwurm, der gerade dabei war, sich wieder in der Erde zu verkriechen, um dort seine Gänge zu bauen. „Hallo Regenwurm, ich bin der kleine Mistkäfer und habe eine Frage an dich." „Hallo", antwortete der Regenwurm, „nun sag schon, was hast du auf dem Herzen?" „Ich forme den ganzen Tag Kugeln aus Mist. Bin ich mit der einen Kugel fertig, kommt auch schon die nächste dran. Ich möchte mich ja nicht darüber beschweren, es macht mir ja eigentlich auch Spaß, aber bin ich nicht noch für etwas anderes auf dieser Welt?" Der Regenwurm überlegte einen Moment und schüttelte den Kopf: „Weißt du, ich bohre mich jeden Tag in die Erde und baue mir meine Gänge. Bin ich mit dem einen Gang fertig, beginne ich mit dem nächsten. Jeden Tag. Wieso solltest du dann etwas anderes tun, als jeden Tag deine Mistkugeln zu formen? Nein, ich glaube, du hast keine andere Aufgabe." Der kleine Mistkäfer bedankte sich für die Antwort und ging traurig weiter. Er war völlig niedergeschlagen und enttäuscht. Vielleicht hatten seine Käferfreunde recht, und er war wirklich nichts anderes als ein dummes, verträumtes Insekt, das sich lieber auf seine Arbeit konzentrieren und nicht so viel nachdenken sollte. Die anderen Tiere hatten ihm ja auch nicht weiterhelfen können!

Die Traurigkeit übermannte ihn so, dass er stehen blieb, sich setzte und bitterlich zu weinen begann. Er weinte, wie noch nie ein Mistkäfer vor ihm geweint hatte. Es schüttelte ihn am ganzen Körper, immer wieder, bis er ganz erschöpft und müde war. Da flog ein Schmetterling über ihn hinweg und bemerkte ihn. „Hallo, wieso bist du denn so traurig?" Der Käfer hob schwerfällig seinen Kopf und blickte den Schmetterling mit verquollenen Augen an. „Ach, weißt du, ich bin so traurig, weil ich den ganzen Tag nichts anderes tue, als

Kugeln aus Mist zu formen und mir niemand sagen kann, ob ich nicht noch für etwas anderes auf der Welt bin." Der Schmetterling setzte sich neben ihn und streichelte dem kleinen Mistkäfer mit seinen Flügeln über den Kopf. „Es gibt keinen Grund für dich, traurig zu sein. Komm mit, ich will dir etwas zeigen!" Sie nahmen sich bei der Hand und gingen einige Zeit gemeinsam des Weges, bis sie an ein riesiges Huflattichblatt kamen. „Setz dich einfach oben auf das Blatt", sagte der Schmetterling, „und warte ab, was passiert." „Aber…", wollte der kleine Mistkäfer sagen, doch der Schmetterling hielt ihm den Mund zu: „Vertraue mir, und nun geh."

Vorsichtig und mit unsicheren Schritten krabbelte der Käfer auf das riesige Blatt und setzte sich hin. Die Sonne schien ihm dabei auf den Buckel und wärmte ihn. Dies gab dem Käfer wieder etwas von seiner Kraft und seinem Selbstvertrauen zurück. Nach einiger Zeit kam ein kleines Mädchen an dem Blatt mit dem Käfer vorbei und blieb stehen. Es hatte ihn entdeckt und sah ihn mit großen und neugierigen Augen an. „Was bist du nur für ein schöner Käfer, du funkelst ja in den schönsten Farben!", frohlockte das Mädchen, das tanzend um das Blatt herumhüpfte, und ihre Augen sprühten dabei vor Glück. Als der Käfer dies bemerkte, füllte sich sein Herz mit unsäglicher Freude. Er bedankte sich innerlich bei dem Schmetterling für seine Hilfe. Nun wusste er, dass er nicht nur auf dieser Welt war, um Kugeln aus Mist zu formen. ◇✕◇

Maria Schmid aus Bad Wörishofen

DIE KLEINE WELLE WIELAND

„Huch! Hoppla! Oh je! Was ist los?" Der kleine Tropfen Wieland wurde, gemeinsam mit den vielen Geschwistern und Freunden, richtig durchgeschüttelt. Er hatte doch gerade so wunderschön geträumt. Er war bei seiner Mama gewesen. Sie hatte ihn an einem sonnigen Herbsttag, sehr früh am Morgen, mit den Schwestern und Brüdern hinauf in den Himmel geschickt. Die Sonne war sehr früh aufgegangen und hatte den Nebel aufgelöst. Seine Mama hatte sie alle vor dem schnellen Schmelzen bewahrt. Die vereinzelten Wolken, die träge vorüberzogen, hatten sie alle aufgenommen.

Eine lange Reise begann. Sie
sahen sehr viel von der Welt.
Der Wind pustete sie hier-
hin und dorthin. Sie zo-
gen über große Wiesen
und Felder, auf denen
unzählige Sonnenblumen
wuchsen. Sie sahen aber
auch große Dörfer und Städte,
lachten über die Emsigkeit der Menschen, die so unglaublich wichtig taten und nie
die Zeit fanden, einmal zu ihnen nach oben zu sehen. „Wenn ihr einmal mit einer Wolke auf die Reise
gehen müsst", so hatte die Mama sie gelehrt, „dann achtet
darauf, dass ihr, wenn sie sich schüttelt, so auf die Erde
fallt, dass ihr eure Pflicht erfüllt. Die Erde braucht
jeden einzelnen Tropfen, damit sich der Kreislauf
schließen kann, der Kreislauf des Lebens."

Und jetzt? Tröpfchen Wieland wurde durch das Schütteln und
Rütteln endgültig wach und aus seinen Träumen gerissen.
„Nun", rief die große Wolke, „nun macht schon! Legt eure Fall-
schirme an und macht euch auf den Weg. Ihr werdet mir langsam zu schwer. Also, los geht's! Macht's gut und gebt Acht auf
euch! Vergesst eure Pflicht nicht!" „Hui!" „Holla!" „Vorsicht, ich
falle!" Von allen Seiten erklangen die Rufe. Sie wussten nicht,

wo sie landen würden. Sie wussten nicht einmal, ob sie nicht von den Strahlen der Sonne sofort wieder zu Wasserdampf gemacht würden und als neue Wolke weiterschweben würden. Wieland hielt sich an seinem Fallschirm fest und schaute neugierig nach unten. Aber er sah keine Wiesen, keine Felder, keine Bäche oder Teiche, er sah nur eine unendlich weite graue Fläche, die sich träge hin- und herbewegte. „Ach, du jemine, wohin kommen wir denn da? Was ist das? Da wird mir ja ganz schön mulmig!" Wieland fand die Aussicht nicht gerade erbauend und rief seinen Geschwistern und Freunden zu: „He Jungs und Mädels! Passt auf, dass wir nicht zu weit auseinander auf dem grauen Ungetüm landen. Wir sollten versuchen, zusammenzubleiben!"

Malwine, seine große Schwester, rief: „He, du Winzling, möchtest du uns etwa sagen, wo's langgeht?" „Klar", meinte Wieland, ließ seine Brust schwellen und lachte stolz, „ich weiß, ich bin der Kleinste, aber ich bin auch der Klügste und darum." „Ha, ha, der Klügste", kugelte sich Liliane. Sie überschlug sich dabei mehrmals und kam Wogan, dem größten und dicksten

Tropfen, gefährlich nahe. Wogan war zwar dick und groß, aber er war auch genauso dumm und fragte: „Was ist los? Was ist mit Wieland? Welches Ungeheuer?" „Oh nein, Wogan! Hast du immer noch geschlafen?" Wieland hatte seinen Fallschirm näher an Wogan herangebracht und meinte: „Wir sind auf dem besten Wege, in eine unbekannte wogende Masse abzustürzen. Kommt, haltet euch alle an den Händen fest, damit wir gemeinsam landen. Seid ihr einverstanden?" „Ja!" „Ja!" „O. k.!", klang es von allen Seiten.

Kaum hatten sie sich richtig bei den Händen gepackt, ging es im Sturzflug hinab. Die wogende Masse, so stellte sich heraus, bestand ebenfalls aus unendlich vielen großen und kleinen Wassertropfen. Wieland und seine tapferen Freunde tauchten zuerst unter. Dann machten sie einen gewaltigen Satz nach vorne, dann wieder nach hinten. Ganz schwindlig wurde ihnen dabei! „Jetzt weiß ich es", rief Wieland, „das sind die ständigen Bewegungen des Meeres. Wir sind im Meer gelandet. Wir können froh sein, dass der Wind im Augenblick zu schlafen scheint, sonst würden wir noch viel mehr durcheinandergeschüttelt."
„Ach, wie gut, dass unser Wunderkind das alles weiß!" Malwine war noch nicht so ganz damit einverstanden, dass ihr kleiner

Bruder wieder einmal recht hatte. Durch die ständigen Bewegungen der Wassermassen wurden sie immer ein wenig weiter vorangeschoben. Manchmal waren die schon geübten Tropfen übermütig und schäumten vor Freude. Sie lachten und sprangen in die Luft und jauchzten, wenn ihnen ein ganz besonders hoher Sprung gelungen war. „Das machen wir jetzt auch!", rief Wieland. „Bleibt zusammen und los!"

Gemeinsam sprangen sie hoch und platschten wieder zurück in die Woge. Sie nahmen einen neuen Anlauf und spürten dabei, dass sie auf eine festere, sich mitbewegende Masse aufliefen. „Das ist Sand!", schrie Malwine. „Was ist Sand?", schrie Wogan zurück. „Die vielen kleinen Ministeinchen und zerbrochenen Muschelschalen unter uns, du Dummkopf!", lachte Liliane. „Und was machen wir damit?", wollte Wogan wissen. „Den schieben wir jetzt vor und zurück. Passt auf, das wird ein Riesenspaß!" Wieland lief schon wieder los, zog alle mit und schob einzelne Muscheln und Steine nach vorne. Dann liefen sie langsam wieder zurück und nahmen dabei andere Steine mit.

Plötzlich hörten sie einen Ruf: „Vorsicht, da kommt eine neue Welle!" „Ein Mensch, ein großer und ein kleiner Mensch! Sie haben Welle zu uns gesagt!" Wieland rief es. Er war so begeistert, dass er gleich eine ganze Reihe von Purzelbäumen schlug: „Wir sind eine Welle! Wir sind die Welle Wieland!" Wieder und immer wieder liefen sie voller Freude nach vorne. Nun waren sie schon so geübt, dass sie schauten, ob nicht gerade ein Mensch vorüberkam, den sie necken, die Füße benetzen oder sogar ein wenig den Sand unter den Füßen wegspülen konnten. „Huch!", riefen dann die Menschen und liefen erschreckt auf den höher gelegenen trockenen Sand.

Manchmal schafften sie es, dass die Hosenbeine nass wurden und manchmal auch die Schuhe. „Seht mal, da ist ein Mensch, der sucht etwas ganz Bestimmtes. Was wohl?", fragten sie sich. Es waren jedenfalls keine Muscheln. Die wurden von vielen Menschen gesucht, angeschaut und in Tüten und Taschen gesteckt. Nach einer Weile merkten sie, dieser Mensch suchte Steine, schön geformte und vom Wasser geschliffene Steine. „Wir werden ihm helfen", entschied Wieland. „Oh ja, seht nur, dort drüben liegt ein großer flacher Stein. Wenn wir ganz fest zusammenhalten, dann könnten wir es schaffen, ihn auf den Strand zu spülen." Liliane hatte den Stein entdeckt. Mit ganzer Kraft schleuderten sie gemeinsam den Stein genau vor die Füße des Menschen. Der blieb überrascht stehen, sagte leise „oh!", nahm ihn auf und strahlte über das ganze Gesicht. „Danke!", lächelte der Mensch und schaute die kleine Welle Wieland an, als könne er genau sehen, welche Welle den Stein dorthin gespült hatte. „Danke!", sagte der Mensch noch einmal. Die

kleine Welle Wieland lief wieder auf den Sand. Sie wollte sich bedanken für das Lob, das sie erhalten hatte. Der Mensch wusch in ihr den Stein. Er befreite ihn vom feinen Sand, der an ihm hängen geblieben war und hielt ihn mit der Hand so umschlossen, dass die Sonne ihn trocknen konnte, und ging weiter am Strand entlang.

„Juhe! Das macht großen Spaß! Das machen wir noch öfter, oder?" Wieland hüpfte und sprang. Dann liefen sie alle zusammen auf den Strand auf und kehrten als zarte Wasserschleier wieder zurück ins Meer. Diejenigen, die vom porösen Sandboden wie von einem nassen Schwamm aufgesogen wurden, oder die Tropfen, die von der Sonne emporgehoben wurden, die kamen in den ewigen Kreislauf des Lebens. Sie wurden zu neuem Wasserdampf, der sich zu einer neuen Wolke entwickelte, die sich dann, wenn sie zu groß sein würde, vielleicht ebenfalls über dem Meer ausregnen würde. ◇✕◇

Anita Bolik aus Baar

DER KLEINE BÄR BÜXT AUS

Familie Bär wohnte in einer gemütlich eingerichteten Höhle mit Fenstern und einer Haustür. Mutter Bär machte ein herrliches Frühstück mit Haferschleim und viel Honig darin. Vater Bär und kleiner Bär konnten kaum genug davon bekommen. Als nun alle drei fertig gegessen hatten, sagte Vater Bär zum Sohn: „Kleiner Bär, deine Mama und ich müssen dringend Besorgungen machen. Du bleibst bitte hier und wartest, bis wir wieder zu Hause sind. Geh bitte nicht allein in den Wald, denn du kennst den Wald noch nicht so gut und könntest dich verlaufen!" Mit diesen mahnenden Worten machten sich die Bäreneltern auf den Weg.

Eine Weile war der kleine Bär noch mit spielen beschäftigt, doch dann wurde es ihm langweilig, und die Eltern waren nun schon – so dachte er – recht lange aus. Mittlerweile vergaß er die mahnenden Worte seines Vaters und öffnete die Tür. Und

weil der Magen nun auch schon wieder knurrte, dachte er sich: „Naja, da gleich um die Ecke ist doch so ein schöner Beerenbusch, da kann ich mir ja mal schon was zum Naschen pflücken." Dann sah er einen Schmetterling, dem er nachsprang, und so kam er immer tiefer in den Wald hinein. Nun kannte er sich nicht mehr aus, er wusste nicht mehr, wie er zurück zu seiner Höhle kommen sollte.

Plötzlich hörte er ein Rascheln und ein Dachs erschien. Hilflos fragte der kleine Bär den Dachs: „Kannst du mir vielleicht sagen, wo meine Eltern sind oder wo ich wohne?" Aber der Dachs wusste es nicht, doch versprach er, dass er ihm helfen werde. So

machten sich die beiden auf den Weg, um den schlauen Fuchs zu suchen. Als sie ihm begegneten, fragte der kleine Bär ganz traurig: „Schlauer Fuchs, kannst du mir sagen, ob du meine Eltern vielleicht gesehen hast, oder weißt du, wo ich wohne?" Aber auch das so sonst so schlaue Tier konnte dem kleinen Bären nicht weiterhelfen.

Nun machten sich die drei Tiere weiter auf den Weg, sie begegneten noch einigen anderen Waldbewohnern. Aber auch die Rehe, Hirsche, Wildschweine und Hasen konnten dem kleinen Bären nicht helfen. Der Fuchs hatte noch eine Idee und sprach: „Jetzt gehen wir auf die große Lichtung und fragen die Tiere, die dort leben!" Frohen Mutes liefen die drei weiter bis zur Lichtung. Dort schwirrten die Bienen, Hummeln und Mücken, die Vögel zwitscherten und die Frösche, die am Teich wohnten, quakten fröhlich. Als der kleine Bär, der Dachs und der Fuchs auftauchten, erschraken die Tiere für einen Moment.

Der kleine Bär fragte auch hier, ob denn einer seine Eltern gesehen hätte oder wüsste, wo er wohnte, denn er fände nicht mehr nach Hause! Leider konnte ihm auch hier keines der Tiere weiterhelfen.

Ganz traurig rollte sich der kleine Bär zusammen und schob sein tränennasses Gesicht unter seine kleine Tatze. Eine Ewigkeit – so erschien es dem kleinen Bären – lag er so da. Doch plötzlich spürte er, dass ihn jemand berührte, noch mal und noch mal. Da brummelte der kleine Bär ganz verzweifelt: „Ach, lasst mich doch in Ruhe!!" Aber er war auch neugierig und spitzelte mit einem Auge, wer ihn denn dauernd berührte. Aber, aber, das war ja seine Mama! Ach, was war der Kleine froh, dass er das liebe Gesicht von seiner Mama sah, und jetzt tauchte auch noch sein Papa auf. Nun, das Wiedersehen musste jetzt ordentlich gefeiert werden, das fanden auch die anderen Tiere. Schnell trugen die Bienen ordentlich viel Honig herbei, die Vögel brachten herrliche Beeren und die Frösche sorgten dafür, dass keiner durstig bleiben musste. Was war das für ein Zwitschern, Summen, Brummen auf der Wiese, denn alle waren vergnügt, dass der kleine Bär und seine Eltern wieder zusammengefunden hatten. An diesem schönen Sommertag feierten noch alle bis tief in die Nacht hinein. Und wenn sie nicht gestorben sind, dann leben sie noch heute. ◇✕◇

Edeltraud Geißler aus Burgau

EMSI, DAS AMEISENKIND

Auf einem Bänkchen, in einem bezaubernden Schrebergarten, ganz nahe am Rand von Landsberg, sitzt ein verliebtes Ameisenpärchen. „Ach Ami", spricht das Ameisenmännchen, „ich wünsche mir so gerne ein Ameisenkind. Sein Name soll Emsi sein." „Ach, Amu", spricht das Ameisenfrauchen, „das wäre das wunderbarste Glück, das ich mir denken kann. Komm, wir wollen eines suchen gehen. Ich kenne eine Ameisenfamilie, die hat in der Erde ein Nest voll von Ameiseneiern. Daraus werden bald 100 Ameisenkinder schlüpfen. Bist du gut zu Fuß? Tut dir auch keine Hüfte weh und auch kein Knie? Dann komm, wir wollen gleich losmarschieren, denn bis nach Burgau sind es 1000 Ameisenkilometer."

Die Tiere am Wegesrand staunen nicht schlecht, als sie Ami und Amu daherlaufen sehen. Nach drei Tagen und drei Nächten ist das Ameisenpärchen bei der Ameisenfamilie angekommen.

Siehe da, in der hintersten Ecke im Garten, unter einem Apfelbaum, wuseln Ameischen, wo man auch hinschaut: Ameischen. Ami und Amu suchen sich das kleinste Ameischen als ihr Kind aus, doch die Ameisenmutter und der Ameisenvater wollen kein einziges ihrer 100 Kinder hergeben. Schnell scheuchen sie ihre Ameisenkinder in ihr Erdhöhlennest. Wie der Blitz sind sie alle verschwunden. Selbst die Gartenmaus Frieda ist überrascht, was da vor sich geht. Traurig machen sich Ami und Amu auf den langen Heimweg.

In Landsberg angekommen, sind sie hundemüde. Sie setzen sich auf ihr Schrebergartenbänkchen, das sie vor sechs Tagen und sechs Nächten verlassen haben. Während sie sich von den

249

Strapazen ihres langen Fußmarsches erholen, muss Ami fürchterlich heulen, weil sie kein Ameisenkind haben. Sie kruschtelt ein Taschentuch aus ihrer Handtasche. Was entdeckt sie zu ihrer großen Freude? Ein besonders keckes Ameisenkind krabbelt ruck-zuck aus ihrer Tasche und setzt sich neugierig auf die Nase von Ami. „Amu", jubiliert Ami, „wir haben ein Ameisenkind mitgebracht! Gott meint es gut mit uns! Wir wollen es Emsi nennen." Sie küssen und umschmusen es so fest, dass Emsi beinahe die Luft wegbleibt. Aber nur beinahe.

Im Schrebergarten hat sich die Neuigkeit bald recht schnell herumgesprochen. Nach 24 Stunden hat Emsi die Schmuserei satt. Sie will etwas Spannendes erleben. Sie steckt den Kopf durch das Hoftor, still und leise schlüpft sie durch die Gitterstäbe und geht auf Wanderschaft. Barfuß läuft sie die Hauptstraße entlang. Es dauert jedoch nicht lange und schon hat sie Gesellschaft. Ein Igelchen kommt dahergewatschelt. Er reckt und streckt sich. Er kommt von seinem Morgenspaziergang. Sein Schnäuzchen ist von dem Morgentau ganz nass. Jetzt sieht er Emsi. Ganz erstaunt fragt er sie: „Wo kommst du her, du niedliches Ding? Dich kenne ich ja gar nicht! Übrigens ich bin Ignaz." „Haben alle

Ignaz so lustige Stachelhaare auf dem Buckel? Ich heiße Emsi und bin neu zugezogen", flötet Emsi, „ich will etwas Tolles erleben! Zeige mir die Stadt Landsberg, wo sie am schönsten ist."

Emsi ist total aufgeregt. Auch die Bewohner der Hauptstraße sind von der Unterhaltung der beiden neugierig geworden. Emsi ist gut drauf. Sie klatscht in ihre Hände, streckt sich dem Himmel entgegen und freut sich auf ein tolles Erlebnis. „Dalli, dalli", spricht Ignaz, „setze dich auf meine Bobbelschnauze, damit wir schneller vorankommen. Ich zeige dir mein Revier!" Es dauert nur ein paar Minütchen, schon sind sie am Sportplatz des Gymnasiums angekommen. Kurz entschlossen zwängt sich der Igel durch den Maschenzaun und Emsi muss über eine große Sonnenblume steigen, um auf den Rasen zu gelangen. „Sieh nur Emsi, dort vorne, bei der Deutschlandfahne, da habe ich meinen Unterschlupf. Ich lade dich ein, wir wollen einen Gugelhupfkuchen verspeisen!" Emsi freut sich unheimlich.

Und dann passiert etwas Gewaltiges: Ein heftiger Wasserstrahl aus dem Wasserschlauch des Hausmeisters hat sie unverhofft getroffen. Ignaz und Emsi werden in hohem Bogen in die Luft katapultiert.

Sie drehen sich, fliegen und wirbeln durch die Gegend, sodass sie gleich die Augen verdrehen. Hui, ist das lustig! Nach ein paar Looping-Runden landen sie in einem Kastanienbaum. „Ignaz, bist du noch da? Mir ist fast schlecht und schwindelig. Ich sehe nur noch Sternchen!" „Nur schön ruhig", beruhigt Ignaz die kleine Ameise und begutachtet sein Stachelkleid. Er beginnt zu zählen: „…360…2000… alles heil geblieben." Da hat er aber Glück gehabt! Vor Aufregung fallen Emsi die Äuglein zu. Ignaz hält sie fest im Arm, sonst wäre sie vom Baum gepurzelt. Es dauert gar nicht lange, da träumt Emsi einen süßen Traum. Sie träumt und träumt und träumt.

Plötzlich erwacht die kleine Emsi durch ein lautes Getöse. Die Landsberger Blaskapelle marschiert mitten über den Sportplatz! Als ein fescher Trompetenspieler dicht am Kastanienbaum vorbeiläuft und kräftig pustet, wird Emsi durch den Luftzug weggesogen, sie schießt durch die Wolken 1000 Ameisenkilometer weit und landet auf einer wunderschönen Blumenwiese. Das ist ein großer Schreck! Er ist so groß, dass sie beinahe tot umgefallen ist. Aber nur beinahe. Ein Stündchen vielleicht, taumelt sie noch ein bisschen. Im Moment weiß sie gar nicht so recht, wo

sie eigentlich ist. Sie schaut nach links, sie schaut nach rechts, dann gerade aus und sieht, sie kann es gar nicht glauben: ihre Ameisenfamilie! Glücklich fallen sich die Ameisenmutter, der Ameisenvater und alle 99 Ameisengeschwister in die Arme und küssen sich.

Ein berauschendes Fest wird vorbereitet. Die ganze Ameisenfamilie packt fleißig mit an. Im Nu beißen die Ameisenbuben mit ihren Sägezähnen das Gras kurz. Die Ameisenmädchen legen einen wunderschönen Blumenteppich, auf den sich die Emsi setzen darf. Jetzt geht gleich die Feier los! Sogar die Vögel des Schrebergartens sichern sich den besten Logenplatz. Es wird getanzt, gegrillt und gelacht die halbe Nacht. Ignaz, Amu und Ami sind als Ehrengäste in der ersten Reihe und alle freuen sich, dass das Ameisenkind so glücklich ist. Ami und Amu dürfen die Emsi so oft besuchen, wie sie nur wollen. Es ist der schönste Tag für Emsi, seelig kuschelt sie sich in ihr kleines Wollknäuel und schlummert tief und fest bis zum nächsten Abenteuer.

Liebe Kinder, nun träumt recht schön, wenn's geht, von Emsi, dem Ameisenkind. Schlaft tief und fest bis morgen früh. ◇✕◇

Gertrud Hörr aus Oberndorf

DIE REISE EINES WASSERTROPFENS

Am Himmel hing eine große dunkle Regenwolke. Darin tummelten sich viele kleine Regentropfen. War das ein Gedränge. Die Wolke war so voll geworden, dass die kleinen Tropfen fast keinen Platz mehr hatten. Sie schoben und drückten sich gegenseitig so fest, dass irgendwann die Wolke ein Loch bekam und platzte, sodass die kleinen Regentropfen herausplumpsten. Welch ein Schreck! Nun purzelten sie nacheinander und nebeneinander durch die Luft. Da kam auch noch ein Wind daher, der sie kräftig durcheinanderwirbelte. War das eine stürmische Reise für die kleinen Tröpfchen.

Auf ihrem Weg zur Erde konnten sie erst gar nicht viel sehen, weil sich die Sonne versteckt hatte. Erst nach einer Weile sahen sie auf der Erde Tiere springen, die sich in einen Stall oder unter ein Dach verstecken wollten. Auch die Menschen suchten Schutz in ihren Häusern. Manche trugen einen Regenschirm mit sich, um sich zu schützen, oder versuchten, sich irgendwo unterzustellen. Die kleinen Tropfen freuten sich über ihre Freiheit und konnten gar nicht verstehen, warum sich die großen Menschen und Tiere vor ihnen fürchteten. Sie konnten doch gar nicht zwicken oder beißen. Sie waren nur harmlose Wassertropfen. Ohne sie könnten die Leute auf der Erde doch gar nicht leben. Also tanzten sie lustig durch die Luft und ließen sich vom Wind hin und her treiben bis sie auf der Erde ankamen. Die einen fielen gleich wieder ins Wasser in große Seen oder Flüsse und wurden mit der Masse fortgetragen. Andere

fielen zwischen Blumen im Garten. Diese freuten sich darüber, weil die Erde schon ganz trocken war.

Auf alle Dinge, die auf der Erde waren, setzten sich die kleinen Regentropfen nieder. Als dann die Sonne hervorkam, glitzerten sie und leuchteten in allen Farben. Ein winziger Tropfen saß ganz allein auf der Spitze eines Getreidehalmes. Er hatte hier einen wunderbaren Ausblick über das ganze Feld. Aber er war traurig, weil er meinte, dass alle seine Kameraden eine Aufgabe hatten. Die einen durften sorgen, dass der Fluss genügend Wasser hatte, die anderen durften Blumen und Bäume gießen. Nur er saß hier oben und schaute in die Welt. Da kam ein kleiner Vogel geflogen, setzte sich auch auf den Getreidehalm und hat ihn entdeckt und verschluckt, weil er so durstig war. Da wusste der kleine Regentropfen, warum er gerade hier auf der Spitze dieses Halmes gelandet ist.

Genauso ist es auch bei uns Menschen. Egal ob wir groß sind oder klein, arm oder reich, ein jeder hat seine Aufgabe an seinem Platz und alles hat einen Sinn. Auch wenn wir es nicht immer gleich erkennen. So hat auch die Nacht ihren Sinn. Und darum schlafe jetzt gut bis morgen früh. Gute Nacht. ◇✕◇

Annelore Luible aus Jettingen-Scheppach

LEON UND DAS FLIEGENDE BOBBYCAR

Zum Geburtstag bekam Leon ein Bobbycar geschenkt. Zuerst wollte er es gar nicht so gerne, weil es über und über mit bunten Blumen bemalt war. Blumen auf einem Auto, das ist doch was für kleine Mädchen und nichts für Buben, dachte er. Aber das Bobbycar schaute ihn mit seinen großen aufgemalten, blauen Augen ganz traurig an, sodass er es am Abend, als er schlafen ging, neben sein Bett stellte. Bevor der kleine Leon unter die Bettdecke kroch, streichelte er das Bobbycar und sagte zu ihm: „Du bist mein Bobbycar Blümchen."

Das geblümte Bobbycar, das aussah wie eine Blumenwiese, war aber ein ganz besonderes Auto. Im Traum konnte man mit ihm auf Reisen gehen, über Wolken fliegen, ganz weit, weit weg. Das war lustig. Leon stieg in sein Bobbycar und schon begann die Reise. Sie flogen mit den Wolken und mit dem Wind um die Wette. Hui, war das toll.

Auf ihrer Reise trafen sie eine Schwalbenfamilie, die in ihr Winterquartier bis nach Afrika flog. Mutter Schwalbe war sehr erstaunt. Sie meinte, da kommt eine Blumenwiese angeflogen, als sie das Bobbycar sah. Ihre Schwalbenkinder waren schon sehr müde und Mutter Schwalbe fragte Leon, ob die Schwälbchen nicht ein Stück auf dem Bobbycar mitfliegen dürfen. Es lag noch ein weiter Weg vor ihnen. Leon und Blümchen nickten und so setzten sich die Schwälbchen auf die Kühlerhaube und lachten.

Der Flug ging weiter und weiter nach Süden. Bald überflogen sie schneebedeckte Berge und dann kamen sie an ein großes Wasser, das war das blaue Meer. Leon fragte die Schwalbenmama, wohin die Reise geht. Sie piepste, weil sie schon ganz außer Atem war: „Nach Afrika." Und dann setzte sie sich auf Blümchens Rückspiegel, um etwas zu verschnaufen. Die Schwalbenmama erzählte von einer großen Wüste, in der die Sonne immer scheint und es nie regnet, von Kamelen, die dort leben, von der großen Steppe. Dort gibt es Elefanten, Giraffen, Löwen und viele andere Tiere, die es bei uns nicht gibt.

Ganz aufgeregt hörten auch die Schwalbenkinder zu, denn es war ja ihre erste Reise in den Süden. An einem großen Fluss, dem Nil, nahm die Schwalbenfamilie Abschied und alle bedankten sich für die freundliche Hilfe mit einem Zwitscherkonzert. Leon und sein Bobbycar Blümchen drehten eine große Schleife am blauen Himmel, vorbei an schneeweißen Wölkchen, und ab ging es wieder nach Hause. Die Reise war zu Ende und Leon konnte einiges erzählen. Aber es war bestimmt nicht der letzte Ausflug der beiden gewesen. ◇✕◇

Birgit Stelzer aus Bad Grönenbach

DIE KAPUTTE LESELAMPE

Die Maus saß auf ihrem Sessel und las Zeitung. Das tat sie sehr gerne, denn so wusste sie, was in der Welt alles passierte. Und sie tat das auch sehr oft, denn neben ihr in einem Korb lag ein großer Haufen an Zeitungen mit vielen Nachrichten aus den vergangenen Tagen. Und weil sie sehr tief unter der Erde wohnte, wo es sehr dunkel war, knipste sie zum Lesen ihre Leselampe an, um genügend Licht zu haben. So saß sie da und las sehr aufmerksam, was in der Zeitung geschrieben stand. Sie las von Mäusen, die mit großen Katzen kämpften, ganz ohne sich zu fürchten. Sie las von Mäusen, die mit dem Fahrrad einmal um die ganze Welt gefahren waren, ohne dass es ihnen langweilig geworden wäre. Und manchmal las sie auch von Mäusen, die kein Zuhause hatten und keinen Sessel und keine Lampe und keine Zeitung. Und am liebsten las sie von Mäusen, die große Dinge taten.

An einem Morgen las sie von Manfred Mäuserich, der einen ganzen Ozean durchschwommen hatte. Da ging auf einmal das Licht aus. Die Leselampe leuchtete nicht mehr und die Maus konnte die Geschichte von Manfred Mäuserich nicht fertig lesen. Weil sie das sehr ärgerte, griff sie zum Telefon und rief beim Maulwurf an. Denn der Maulwurf hatte ihr schon oft geholfen. Und siehe da, der Maulwurf hatte auch schon eine sehr gescheite Idee: Wenn die Lampe kein Licht mehr hatte, dann müssten sie einfach zur Sonne fliegen und wieder welches holen! Die Maus war einverstanden.

So kam der Maulwurf vorbei, unter dem rechten Arm ein paar Kerzen. Denn an einer Kerze könnten sie sehr gut das Sonnenlicht entzünden, sagte der Maulwurf. Und unter dem linken Arm ein roter Luftballon. Denn mit einem Luftballon könnten sie sehr gut zur Sonne fliegen. Und in dem Zeitungskorb von der Maus könnten sie sehr bequem sitzen. Das war wichtig, denn die Reise könnte lange dauern. Und mit dem Feuerzeug, das der Bauer neulich auf dem Feld verloren hatte, könnten sie sehr gut heiße Luft machen. Das alles wusste der Maulwurf. So bastelten Maus und Maulwurf zusammen ihr Sonnen-Flug-Gerät. Sie gingen hinaus aufs Feld und starteten in den Himmel hinauf, immer in Richtung Sonne. Es vergingen einige Tage, ohne dass jemand eine Maus oder einen Maulwurf am Himmel gesehen hätte. Doch dann, endlich, flogen sie vom Himmel herab und landeten wieder auf dem Bauernfeld. In den Händen die Kerzen voller Sonnenlicht, das sie schnell zur

Lampe brachten. Die Leselampe leuchtete gleich hell im dunklen Mauseloch und die Maus strahlte sehr, weil sie froh darüber war, wieder Licht zu haben.

Nachdem die Maus sich zwei Tage ausgeruht hatte, denn so eine Reise zur Sonne war sehr anstrengend, knipste sie wieder die Leselampe an und las in der Zeitung. Sie las von Mäusen, die ganze Länder von bösen Geistern befreit hatten. Sie las von Mäusen, die durch die Wüste geritten waren und Berge bestiegen hatten, so hoch wie ein Haus und noch höher. Und sie las von einer Maus und einem Maulwurf, die mit einem roten Luftballon und einem Zeitungskorb und einem Feuerzeug und ein paar Kerzen zur Sonne geflogen waren, um Licht zu holen. Da freute sich die Maus, solch große Dinge zu lesen und griff zum Telefon. Ihr Freund, der Maulwurf, hatte wirklich immer sehr gescheite Ideen. ◇✕◇

FANTASTISCHES

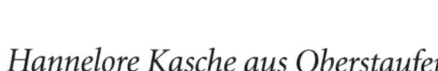

Hannelore Kasche aus Oberstaufen

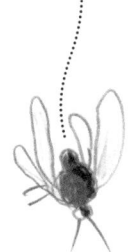

DER KOBOLD UND
DIE ROSE

Eines Tages, es war im Juli, schlenderte der kleine Kobold durch Wiesen, Felder und Gärten. Er erfreute sich an den wärmenden Sonnenstrahlen. Plötzlich blieb er stehen. Was duftete denn da so lieblich? Er schnupperte und schnüffelte, konnte aber nicht gleich feststellen, woher dieser verführerische Duft kam. Er ging noch ein paar Schritte. Da erblickte er einen wunderschönen großen Garten. Dort stand ein Rosenstrauch neben dem anderen. Es sah fast wie in einem Märchen aus. Da war ein Summen und Surren, dass es in den Ohren rauschte. Tausende Bienen, Hummeln, Fliegen und Mücken tummelten sich in dem endlos scheinenden Rosengarten. Diese Insekten konnte unser kleiner Kobold gut verstehen. Es roch ja dort auch ganz allerliebst.

Da dachte der kleine Wicht so bei sich: „Ach, würde ich doch auch so gut riechen wie solch eine schöne Rose. Da hätte ich den herrlichen Duft stets bei mir." Da war plötzlich ein Raunen in der Luft und es war, als hätte der Wind seine Gedanken fortgetragen – weit fort, bis hin zum großen Zauberer. Dieser mochte den kleinen Kobold. Und eins, zwei, drei – war der Zauberer erschienen. „So, so", sagte dieser, „du möchtest also auch so duften wie diese Rosen?" „Ach ja, lieber Zauberer, das wäre mein Herzenswunsch." Dieser flüsterte unserem kleinen Wicht etwas ins Ohr. Der kleine Kobold strahlte, dass es eine Freude war. Er bedankte sich beim großen Zauberer. Und eins, zwei, drei – verschwand dieser wieder.

Nun sollt ihr erfahren, was unser kleiner Kobold machte: Er setzte sich ins Gras, ward ganz ruhig, machte seine Äuglein zu und ließ die vielen Sonnenstrahlen tief in sich eindringen. In ihm ward es auf einmal ganz hell. Und mittendrin, nah bei seinem Herzen, stellte er sich vor, dort sei eine kleine, wunderschöne Rosenknospe. Diese fing an, sich ganz langsam zu

drehen. Während sie sich so drehte, öffnete sich die Knospe allmählich und wurde immer größer und schöner. Unser kleiner Kobold war schon ganz benommen von ihrem Duft. Da konnte unser kleiner Kobold nicht anders. Kurz entschlossen hüpfte er hinein mitten in die schöne Rose, und ab ging eine regelrechte Rosenradfahrt. Das gefiel ihm so gut, dass er gar nicht mehr herauswollte.

Diesen Tag konnte unser kleiner Kobold nicht vergessen. Damit das auch so blieb, ging er in den nächsten Laden und kaufte sich ein Fläschchen Rosenöl. Abends, wenn er müde nach Hause in sein Wurzelhaus kam, träufelte er ein paar Tropfen dieser duftenden Köstlichkeit in sein Lämpchen und zündete es an. So konnte er, auch wenn der Zauberer nicht immer in seiner Nähe war, so oft er wollte von seiner Rosenradfahrt träumen.

Und nun: Schlaft gesund, kugelrund,
bis morgen früh zur Kaffeestund'. ◇✕✕◇

Eleonore Ulbrich aus Augsburg

POLDI-LEOPOLD UND DIE OSTERHASEN

Poldi-Leopold ist ein kleiner Rauhaardackel-Spitzbub. Vormittags kann Poldi-Leopold ganz lange schlafen, weil sein Frauchen und Herrchen in der Arbeit sind und er allein zu Hause ist. Also was macht er? Er schläft in seinem kuddel-knuddelweichem Bettchen. Die Schnauze liegt auf seinem kleinen Stofflöwen. Und es dauert gar nicht lange, da ist er auch schon auf dem Traumbaum. Poldi-Leopold möchte nämlich so gerne einmal auf einem Baum sitzen, so wie das die Vögel im Garten können. Und weil er das nicht kann, ärgert er sich immer und bellt die Vögelchen an, die auf ihn herunterschauen und dazu noch pfeifen.

Nun, in seinen Träumen sitzt Poldi-Leopold immer auf einem Baum, denn von da oben kann er sich aussuchen, wo er im Traumland hinfliegen kann. Heute sitzt er auf einer ganz hohen Tanne im Wald und staunt, denn da unten ist eine Hasenversammlung. Eins, zwei, drei, vier, fünf, … ja, mindestens 50 Hasen sitzen da unten zusammen. „Was machen denn so viele Hasen auf einem Haufen", denkt sich Poldi-Leopold. Nun, da gibt es scheinbar auch einen Hasenbürgermeister, der sagt:

„Hallo, ihr lieben Hasen, ihr wisst ja, ab heute seid ihr alle Osterhasen und ab sofort gibt es die meiste Arbeit für euch vom ganzen Jahr. Nun, wie ihr ja wisst, müsst ihr euch in Gruppen einteilen, weil jeder eine andere Aufgabe bekommt. Die größeren von euch müssen für die vielen Eier sorgen. Die müsst ihr bei den Hühnern holen. Ihr kennt sie ja schon, bei Agathe, Helene, Goldie und den anderen. Am besten bringt ihr Agathe und Helene in euren Körben frisches Gras mit, dann dürft ihr euch so viele Eier aussuchen, wie ihr nur braucht.

Die andere Hasengruppe muss viele Töpfe mit Eierfarben herrichten. Blau, rot, grün und gelb. Der Farbenmeister muss heuer dann wieder einige Farben mischen, damit man besonders schöne Eier anmalen kann. Die bekommen dann die armen Kinder; die warten nämlich besonders auf den Osterhasen.

Nun haben wir ja noch ein paar Hasengruppen. Eine Gruppe muss die Eier zählen und gerecht aufteilen und die anderen müssen die Eier verteilen. Ihr wisst schon, wie im vorigen Jahr. Ein Teil von euch Häslein muss an die Schokoladeneier und Schokoladenhasen denken. Diese sollten alle in schönes Glanzpapier eingepackt werden. Die sehr braven Kinder bekommen nämlich ab und zu schon mal vor dem Ostersonntag eine klitzekleine Osterüberraschung. Aber lasst euch nicht erwischen. Sehr früh am Morgen muss das sein; ihr wisst schon, wenn die Kinder noch schlafen, könnt ihr etwas auf die Bettdecke legen. So, nun geht alle an die Arbeit", sagt der Hasenbürgermeister.

Alle Häslein haben nun mit ihren Ohren, den Löffeln, geklatscht. Das war so ein komisches und lautes Geräusch, dass unser Poldi-Leopold aufgewacht ist und plötzlich wieder in seinem Körbchen lag. Ach, denkt er sich, war das ein schöner Traum. Er würde auch so gerne ein Osterei in seinem Körbchen finden? Ein ganz persönliches Osterei, nur für ihn allein, den Dackel Poldi-Leopold!

Bitte niemandem verraten: Ich glaube, das Frauchen von Poldi-Leopold hat von diesem Wunsch Wind bekommen und hat bereits für ihn ein herrlich buntes Osterei bei dem Hasenbürgermeister bestellt! ◇✕◇

Ursula Ciola aus Ottobeuren

VOM BAUM, DER EIN MENSCH SEIN WOLLTE

Oben auf dem Hügel steht einsam ein Baum. Er erzählt: „Einst war ich umgeben von meinen Freunden. Doch Stürme, Ungeziefer und die Axt des Menschen haben ihnen den Garaus gemacht. Einige ‚wohnen‘ jetzt in Häusern und spenden den Menschen Wärme und Trost. Andere dürfen als Ski den Berg hinuntersausen oder aber sind Krüge und gefüllt mit leckerem

Bier oder Wein. Ich aber, ich arme alte Weide, stehe hier ganz alleine, meine harzigen Tränen rinnen den Stamm hinunter und meine Blätter singen traurige Lieder."

Da kommt ein Mann auf den Hügel. Er scheint ebenfalls traurig zu sein: „Du hast es gut, Baum", sagt er, „darfst hier stehen, hier draußen in der schönen Natur, und musst dich um nichts sorgen. Du bekommst zu essen und zu trinken, und keiner nervt dich." Da antwortet der traurige Baum: „Du hast es doch gut, Mensch. Du hast vermutlich ein gemütliches Heim, eine Familie, eine Frau, die dir etwas Leckeres kocht und sich mit dir unterhält. Können wir nicht tauschen?" Der Mann schaut ganz verdutzt: „Gerne, wenn das geht." „Natürlich geht das", antwortet der Baum, „du schlüpfst in meinen Stamm und ich schlüpfe in deine Haut." Und ehe sich die beiden versehen, haben sie die Rollen getauscht.

„Wie wundervoll sich das anfühlt", denkt der, der einst ein Mensch war, und sieht auf seinen neuen Baumkörper. „Ich fühle mich kraftvoll und stark, bin fest verwurzelt mit der Erde. Der Wind fährt in meine Blätterhaare und schaukelt sanft meine Arme." Und auch der andere ist zufrieden. „Prima", sagt der, der einst ein Baum war, und sieht seinen kleinen, beweglichen Körper an. Vorsichtig streckt und reckt er seine Gliedmaßen, setzt ein Bein vor das andere, schlenkert mit den Armen, dreht den Kopf hin und her – welch lustiges Gefühl. Sein Leben lang stand der Baum an einem Fleck und nun, als Mensch, kann er sich bewegen. Dann beginnt er zu lachen, aus vollem Halse, und läuft den Hügel hinunter, etwas ungelenk noch und wackelig. Doch mit jedem Schritt geht es besser. Der Baum sieht ihm zu. Der Mensch wird kleiner und kleiner, und schließlich ist er verschwunden.

„Endlich bin ich ein Mensch!", denkt sich der verwandelte Baum. Nach längerem Fußmarsch erreicht er die Stadt. Es dämmert schon und er ist erschöpft und hungrig – welch eigenartiges Gefühl. Das kannte er bisher nicht. Bisher hatte er die Nahrung über die Wurzeln und Blätter aufgenommen. Zielstrebig läuft er auf ein Haus zu. Die Tür ist offen und er tritt ein. An einem Holztisch sitzen eine Frau und zwei Jungs. „Hallo Papa, wo warst du so lange? Wir sind am Verhungern!" Die Frau sieht ihn missbilligend an. „Du kommst spät. Hast du alles erledigt?" Verlegen sieht er sie an und bekommt ein schlechtes Gewissen. Was sollte er erledigen? Der Mann, der jetzt ein Baum ist, hatte nichts gesagt. Als Nächstes reden seine Kinder: „Papa, du musst mit mir noch Mathe machen!" „Papa, ich brauch neue Turnschuhe." Mathe? Turnschuhe? Was ist das? Langsam macht sich Widerwillen breit.

Irgendwann fällt der Baum in Menschengestalt todmüde ins Bett. Die Frau kuschelt sich an ihn. „Doch nicht so schlecht, das Menschsein", denkt er sich. Aber dann kann er nicht ein-

schlafen. Ihm fehlt der Nachthimmel, der Wind, die frische Luft zum Atmen. Kaum ist er dann doch eingeschlafen, klingelt auch schon wieder der Wecker. Er erschrickt von dem Geräusch und hält sich die Ohren zu. Jetzt heißt es: aufstehen, anziehen, frühstücken und ab ins Büro. Der Weg dorthin führt vorbei an hässlichen Hochhäusern. Er passiert stinkende Straßen und steigt schließlich in eine überfüllte Straßenbahn. Bäume sieht er nur wenige am Wegesrand.

Im Büro angekommen, stapeln sich dort Aktenberge, unablässig läutet das Telefon, es ist unbeschreiblich laut. „Ist Menschsein wirklich schön? Ich bin mir da nicht mehr so sicher", denkt er sich gestresst. Abends geht er dann mit Freunden etwas trinken. Es bereitet ihm eine unbändige Freude, mit ihnen zu scherzen und zu lachen – zunächst. Doch dann kommen sie mit ihren Problemen und Problemchen. Allmählich brummen ihm die Ohren und er bekommt Sehnsucht nach seinem Hügel und nach Ruhe. Endlich nicht mehr müssen zu müssen.

Endlich wieder frei zu sein von Gewissen und Moral. Kaum ist die Frau eingeschlafen, steht er auf und steigt hoch zu seinem Hügel. Dort steht eine sehr, sehr traurige Weide, die klebrige Tränen vergießt. „Ich bin so einsam, mir fehlen meine Familie und meine Freunde. Der Wind zieht mich unablässig an den Haaren und reißt an meinen Armen. Können wir nicht wieder tauschen?", fragt der Baum, der früher ein Mensch war. „Gerne", aber ab und zu musst du mich besuchen. Und die Familie und die Freunde bringst du mit. Somit ist uns beiden geholfen", sagt der Baum in Menschengestalt – und ehe sich die beiden versehen, haben sie wieder ihre Körper getauscht. ◇✕◇

Alexandra Otto aus Lindenberg

DAS MINNINICHTS

Marie war müde, so müde. Müde vom Ballett, müde von den Hausaufgaben, müde vom Klavierspielen. Müde vom Fernsehen. Und sie war auch traurig. Sie wusste nicht, warum. Und das machte sie besonders traurig. Denn sie hatte alles, was ein Kind sich überhaupt nur wünschen konnte. Marie aß zu Abend, aber es wurde nicht besser. Marie ging ins Bett und sie konnte nicht schlafen. Sie musste weinen. „Was ist nur los mit mir? Warum hilft mir denn keiner?" Sie drehte ihren Kopf nach rechts zum Fenster. Der Mond glänzte am Himmel. Ein silberner Schatten löste sich vom Mond und schwebte direkt durch Maries Fenster. Er kam neben ihrem Bett zum Stehen. Es sah aus wie die Flamme einer Kerze im Wind. Aber eben silbern. „Oh", sagte Marie und vergaß einen Moment lang ihren Kummer. „Wer bist du?"

„Ich", sagte das silberne Licht, „bin das minninichts! Ich bin gekommen, dir zu helfen. Ich komme immer dann, wenn ein Kind in Not ist, und auch hören will, was ich zu sagen habe.

Denn viele wollen nicht mehr auf mich hören, weil heutzu-
tage viele Kinder alles besser wissen. Aber weißt du, eigentlich hat sich da seit Jahrtausenden nicht viel
Das war schon immer so. Also, Marie, ich sa
jetzt, warum du so traurig bist: Ich fehle dir. I
minninichts. Nur weißt du es nicht. Und deswegen bist du traurig. Das Geheimnis ist: Du
musst einfach nichts tun! Dann geht es dir
besser. Nicht fernsehen. Nicht Klavier üben.
Nicht telefonieren. Nicht Computer spielen.
Du hast nämlich zu viel Besuch von meinem Gegenstück, vom ‚Großen Vielzuviel'.
Nur der stellt sich dir nicht vor, den holst
du dir selber mit all den Dingen, von denen
du glaubst, dass sie dich glücklich machen
Fernsehen, ein neues Handy, noch ein Computer-
spiel… Aber desto mehr du vom ‚Großen Vielzuviel'
bekommst, umso schlimmer wird es. Und umso weiter ent-
fernst du dich von mir.“

Marie schlief bald darauf ein und erwachte frisch am nächsten
Morgen. Sie wusste nicht warum, aber sie wollte an diesem Tag
nicht fernsehen. Sie wollte nicht an den Computer. Sie wollte
kein neues Handy. Sie wollte nicht ins Ballett und sie wollte
nicht Klavier üben. Sie saß im Garten und war verwirrt. Da
sah sie am Boden einen kleinen, silbernen Käfer. Es sah aus, als

winkte er ihr mit dem vorderen Käferfuß zu. Und dann drehte er sein kleines Köpfchen nach links. Immer wieder. So lange, bis auch Marie nach links sah. Hinter der niedrigen Hecke stand ein kleiner Junge. „Wer bist du?", fragte Marie. „Ich bin Karl Heinz", sagte Karl Heinz. „Warum stehst du da?", fragte Marie. „Ich weiß nicht", sagte Karl Heinz, „ich habe heute Nacht komischen Besuch gehabt." Marie schwieg. Sie hatte noch nie über die Hecke gesehen. Sie wusste nicht, dass da so ein netter Junge wohnt. Sie ging auf das Nachbargrundstück und sie spielten den ganzen Tag im Garten, lachten und sahen den ziehenden Wolken zu. Am Abend ging Marie zu Bett und schlief glücklich ein. Sie hatte einen Freund gefunden. Und sie war nicht mehr traurig. Sie musste auch nicht mehr weinen.

Wie die Geschichte mit Marie weitergeht, darfst du dir selber ausdenken. Denn Marie wird ja größer und bekommt vielleicht auch Kinder. Vielleicht heiratet sie auch Karl Heinz. Vielleicht auch nicht. Man weiß es nicht. Wenn heute Nacht das minninichts zu dir durchs Fenster kommt, pass auf, was es dir sagen will! Oder war es vielleicht auch schon bei dir? ◇✕◇

Ulrike Leßner-Beyer aus Villenbach

DER ZAUBERBALL

Es war einmal ein kleines Mädchen. Es hieß Anna. Anna war sehr unglücklich. Denn sie hatte eine Mathelehrerin namens Frau Fies, die ihr das Leben zur Hölle machte. Frau Fies sah man nicht an, wie gemein sie war. Sie tat so, als wolle sie ihren Schülern ein guter Kumpel sein. Aber in Wahrheit war sie wie ihr Name. Einfach fies. Die Streber und Schleimer wurden bevorzugt, die anderen Schülerinnen und Schüler stellte sie bloß.

Anna war in Mathematik keine Leuchte, aber sie war bisher immer um die Fünf herumgekommen. Mit vielen Nachhilfestunden. Doch seit Frau Fies ihre Lehrerin war, sah es so aus, als würde sie wegen Mathe die Klasse wiederholen müssen. „Bereite dich gut vor, Anna! Morgen geht es um deine Versetzung. Wenn du wieder nichts kannst, muss ich dir eine Sechs im Zeugnis geben." Frau Fies bedachte Anna mit einem heimtückischen Lächeln. Die besonderen Schätzchen von Frau Fies, Vanessa, Jessica und Julia, grinsten. Anna kämpfte mit den Tränen. Sie ahnte, was ihr am morgigen Tag bevorstand. Die ganz große Blamage.

Traurig machte sich Anna auf den Heimweg durch den Park. Da sah sie, wie ein Hund drohte, in einem Teich unterzugehen. Ohne zu zögern, sprang sie ins Wasser und zog ihn heraus. Der Hund schüttelte sich. „Danke, das war echt Rettung in letzter Minute." Anna sah sich um, weit und breit kein Mensch. „Also, wenn ich mich irgendwie erkenntlich zeigen kann, dann sag es mir." Anna erstarrte. Der Hund hatte mit ihr gesprochen! „Wa… wa… warum kannst du sprechen? Hunde können doch nicht sprechen", keuchte sie. „Na, ich schon, wie du siehst. Mein Name ist übrigens Onkel Tom." Er warf ihr einen prüfenden Blick unter buschigen Stirnhaaren zu. „Du siehst aus, als sei dir eine Laus über die Leber gelaufen. Kann ich dir helfen?" Da ließ Anna den Tränen, mit denen sie gekämpft hatte, ihren Lauf und erzählte dem Hund von ihrem Kummer.

Onkel Tom wiegte bedenklich den Schädel, aber dann stellte er plötzlich seine Ohren auf. Na ja, er versuchte es wenigstens. Denn seine enorm langen Schlappohren vermochte er nur bis auf halbmast in die Höhe zu bringen. Mit einem „Komme gleich wieder, wart mal kurz" sauste er davon. Anna wartete. Als er kurz darauf zurückkam, hatte er ein Gummibällchen im Maul. Es hatte die Größe eines Tischtennisballs. Das reichte er ihr. „Wenn du morgen in der Mathestunde nicht weiterweißt, drück auf den Ball." „Und was passiert dann?" „Wirste dann schon sehen", gab Onkel Tom zurück. Er bedankte sich nochmals bei Anna für seine Rettung und erklärte ihr dann, er müsse jetzt sofort nach Hause. Er habe nach dem Schock einen schrecklichen Kohldampf.

Am nächsten Tag wartete Anna mit einem Kloß im Hals auf die Ausfrage. Sie hatte die ganze Nacht gelernt, aber sie wusste, ihre Lehrerin würde ihre Schwachstelle finden. Anna hatte das weiche Bällchen in die Jackentasche gesteckt, aber sie glaubte nicht, dass es ihr helfen könne. Wie sollte ein kleiner Gummiball sie vor der Sechs in Mathe bewahren?

Frau Fies betrat das Klassenzimmer. Sie nahm am Pult Platz. Als sie Anna an die Tafel rief, fühlte diese sich wie ein Lamm, das zur Schlachtbank geführt wird. Frau Fies stellte ihr die Rechenaufgabe. Unlösbar, wie es Anna erwartet hatte. Ihr trat der Schweiß auf die Stirn. Es war mucksmäuschenstill im Klassenzimmer, die Schätzchen feixten. Anna gab ihr Bestes, umsonst. „Na, das war's dann wohl", knödelte Frau Fies. Anna sah das schadenfrohe Grinsen auf den rot angemalten Lippen. „Bitte, bitte, keine Sechs", flehte sie, wobei sie zufällig das Bällchen zusammendrückte. Da erklang mit einmal ein gewaltiger Furz. Bestialischer Gestank breitete sich aus. Frau Fies wurde rot wie eine Tomate. Der Furz ging – auf ihr Konto. Nach einer Schrecksekunde brach die ganze Klasse in Kichern aus. Nur Jessica, Vanessa und Julia lachten nicht, sondern taten, als haben sie nichts gehört oder gerochen. Anna drückte erneut das Bällchen. Es knallte dreimal. Wie mit Blut übergossen, blickten die drei Streberinnen zu Boden. Sie konnten sich nicht erklären, weshalb auch sie plötzlich so laut hatten pupsen müssen. Die Klasse tobte, da trat der Direktor ein. „Was ist denn hier los?" Frau Fies stand auf, ging ihm entgegen. „Ich frage gerade Anna aus, es geht um ihre Versetzung", tat sie, als sei nichts gewesen. Anna drückte erneut zu. Entsetzt prallte der Schulleiter zurück. Der laute Furz, der Frau Fies entfleucht war, war nicht zu überhören gewesen. „Ist Ihnen nicht gut, Frau Kollegin?« Frau Fies taumelte rückwärts. Wieder kam das Bällchen

zum Einsatz. Eine ganze Batterie an Ka-
nonen donnerte dem Direktor mitten ins
Gesicht. „Hmm, also, Frau Fies, Sie sollten
sich für heute besser befreien lassen."
Der Direktor atmete diskret durch
den Mund. „Gehen Sie zum Arzt, das
rie…, äh, das kli…, ähm, das ist nicht
gut, seine Gesundheit zu vernachlässigen."

Jetzt war Frau Fies den Tränen nah. Sie nickte
scheu, packte ihre Tasche. Beim Hinausgehen
fing sie einen Blick von Anna auf. Sie war die Einzige, die nicht
lachte. Plötzlich verstand Frau Fies. Sie wusste nicht wie oder
weshalb, aber sie ahnte: Diese Gemeinheit hatte sie Anna zu
verdanken gehabt! Als Anna am nächsten Tag erneut an der
Tafel eine Rechenaufgabe lösen musste, kassierte sie von Frau
Fies eine glatte Eins. Die Versetzung war gerettet.

Vergnügt ein Liedchen trällernd, machte sich das kleine Mädchen auf den Heimweg. Bei dem Teich sah sie sich nach dem
Hund um. Aber der war nicht da. „Danke, Onkel Tom", rief
sie trotzdem, so laut sie konnte. „Vielen, vielen Dank für deine
Hilfe!" Sie ging weiter. Da kam es ihr auf einmal so vor, als
habe sie ein leises Kichern gehört. Es klang komisch, irgendwie
hündisch. Sie hielt inne, dann schüttelte sie den Kopf. Hunde
können nicht kichern, entschied sie. Oder doch? ◇✕◇

Verena Dettling aus Dießen

DIE WEGGIS UND DER EULENFLUG

Wenn es abends langsam dunkel wird, dann versammeln sich in der wundersamen Welt der Weggis alle Jungweggis. Weggis, das sind Zwerge, die versteckt in unseren Gärten und Parks, auf Wiesen und in Wäldern leben. Weggi-Mam und -Paps rufen durch den Wald: „Es wird dunkel, kommt heim, kommt heim." Wenn die Dämmerung kommt, beginnt die Zeit der Nachttiere.

Die Weggis beobachten sie gerne und bewundern vor allem die Flugkünste der Eulen. Heute wollen sie versuchen, mit den Eulen zu sprechen. Sie wollen die Tiere fragen, ob sie bald mit ihnen einen Eulenflug unternehmen. Von den Eulen wissen die Weggis, dass diese Vögel zu Beginn der Dämmerung aufwachen, Hunger haben und dann auf die Jagd gehen, vor allem auf Mäuse und Ratten. Die Eulen sehen nicht nur gut, sondern sie hören auch alles.

Nach dem Ruf von Weggi-Mam und Paps dauert es nicht lange, und alle Jungweggis kommen angewackelt. „Wir kommen schon, wir kommen schon. Wir wollen wissen, wann der Eulenflug stattfindet. Wir wollen alle mitmachen. Wann ist es denn so weit?" Weggi-Mam muss über die aufgeregten Kleinen schmunzeln und sagt: „Jetzt kommt erst mal alle her und setzt euch ganz ruhig zu uns. Ihr dürft auch kuscheln, denn jetzt heißt es erst mal warten und ganz still sein. Wenn es fast dunkel ist, dann müsst ihr die Ohren spitzen und nach dem Ruf der Eulen horchen." Die Eulenrufe sind unterschiedlich. Sie können trillern und auch kurze Laute von sich geben, wie etwa kuwit oder ki-jip oder bu bu-buuu, huu-huh. Alle Weggis sitzen eng zusammengekuschelt beieinander und warten und versuchen auch, die einzelnen Laute nachzumachen.

Die Anführerin der Eulen, Eule Kwea, hat die Weggis längst gesehen und gehört, denn es ist ja ihre Spezialität, dass sie alles hört und sieht, wenn es dunkel wird. Nun ruft sie „Huh, huh, huh, ich hab euch schon gesehen und gehört. Passt auf, ich komme geflogen." Da hören die Weggis ein Rauschen und Flügelschlagen und Kwea kommt im Tiefflug ganz nahe an ihre Köpfe. Kurz vor Weggi-Mams Kopf wendet sie und fliegt wieder in die Höhe. Das macht sie einige Male, trillert und ruft: „Wollt ihr wieder mit uns fliegen, wir freuen uns schon drauf. Wann seid ihr bereit?" „Bald, bald", rufen die Weggis.

Kwea segelt noch einmal tief heran und bleibt plötzlich vor Weggi-Mam und -Paps sitzen. Mit ihren großen Augen schaut sie in die Runde: „Erst muss ich meine Jungen noch großziehen und ihnen das Fliegen lehren. Aber dann im Frühsommer, wenn sie selbstständig sind, kann es losgehen. Wenn wir das Fliegen üben, kommen wir bei euch vorbei und ihr könnt schon eure Partner aussuchen." Die Weggis stimmten freudig zu: „Super, Kwea, wird es auch einen Flug im Wald und hoch über den Bäumen geben?" „Alles, was ihr wollt und wovor ihr keine Angst habt", antwortete sie. „Gibt es auch wieder Tiefflüge über die Festwiese mit Mäusefang?", wollen die Weggis wissen. „Das ist für uns natürlich besonders spannend, auf jeden Fall", bestätigt Eule Kwea. Die Jungweggis sind jetzt sehr aufgeregt, denn das wird sicher eine besonders spannende Nacht, vor allem ohne Schlaf. „Du musst uns den Start zwei Tage vorher sagen, damit wir vorab ein paar Stunden mehr schlafen können", bitten die Weggis. „Keine Sorge", sagt Kwea, „ich fliege ja mit unserer Eulenfamilie immer mal vorbei und wenn wir alle, ihr und wir, fit sind, dann kann der Eulenflug stattfinden.

Weggi-Mam und -Paps sind auch einverstanden. Sie haben allerdings noch eine Bitte an Eule Kwea: „Könntest du jetzt noch ein paar Tiefflüge über unsere Festwiese machen?" „Aber klar doch, ich kann mir schon denken warum. Ich habe es schon gesehen. Die Wiese ist ziemlich durchwühlt von den Wühlmäusen. Das passt sehr gut, denn ich habe jetzt einen richtigen Hunger. Ich werde euch von der Plage befreien." Weggi-Mam und -Paps sehen Kwea dankbar an: „Wir wollen nämlich bald ein Fest auf unserer Wiese feiern und wenn die Mäuse weiterhin so

tiefe Löcher graben, dann können wir Tische und Stühle nicht richtig aufstellen." „Kein Problem", antwortet Kwea, „wenn ich heute nicht alle erwische, dann komme ich die nächsten Nächte wieder. Meine Jungen müssen das Jagen ja auch noch lernen. Wenn dann immer noch welche wühlen, gibt es ja auch noch unseren gemeinsamen Eulenflug mit Mäusefang."

„Du bist ein Schatz, Kwea", meint Weggi-Mam und auch Weggi-Paps pflichtet ihr bei: „Wenn wir dich nicht hätten, wären wir ganz schön arm dran. Aber eine Bitte haben wir noch. Wenn du zum Mäusefang anfliegst, pass bitte auf Rüzli, die weiße Rüsselmaus, auf. Sie ist eine ganz besondere Maus. Sie wühlt nicht, sie sammelt nur Früchte und Nüsse. Und außerdem baut sie wunderbare Häuschen. Die darfst du auf keinen Fall wegtragen." „Ach, ihr meint Rüzli, die Weiße, die kenne ich gut. Wir unterhalten uns immer über das Bauen. Sie hat mir schon so manchen Tipp zum Ausbau meiner Bruthöhlen gegeben. Und gutes, von ihr gesammeltes Baumaterial habe ich auch schon bekommen. Sie ist doch ein nützliches Tier. Außerdem ist sie weiß und das schmeckt uns nicht. Keine Sorge, die würde ich niemals fangen." „Dann ist alles in bester Ordnung, Kwea. Wir sehen uns bald wieder zum Eulenflug", sagen Weggi-Mam und -Paps. Sie winken Kwea zu und wenden sich dann wieder ihren Jungweggis zu, die schon wieder die verrücktesten und wildesten Pläne für die Nacht mit Eule Kwea und ihren Jungen im Kopf haben. ⟨✕✕⟩

Angelika Hartz aus Augsburg

DAS GEHEIMNIS DES KIRSCHBAUMS

In jedem Kirschbaum wohnt ein Kirschkernmädchen und ein Kirschkernbübchen. Sie sind die Einzigen, die immer am Baum bleiben müssen, damit im nächsten Frühjahr der Baum wieder blühen kann und im Sommer neue Früchte trägt. Unser Kirschbaumpärchen lebte glücklich und zufrieden in einem großen Obstgarten. Jedes Jahr trug der Baum reichlich Früchte. Der Bauer wusste um das Kirschkernmädchen und das Kirschkernbübchen und er wachte streng darüber, dass niemand die beiden pflückte. Dieses Wissen ging immer nur vom Sohn zum Vater weiter. Die Bauersfrau wusste nichts davon.

Als der Bauer eines Tages genau zu Kirschernte verreisen musste, geschah das Unglück: Nicht nur die ganzen Kirschen, sondern auch das Kirschkernmädchen wurde mit gepflückt, und
das Kirschkernbübchen konnte es nicht verhindern. Er war
furchtbar erschrocken und zu Tode betrübt. Die Kirschen wurden in großen Körben zur Küche gebracht und sollten dort
als Kompott eingekocht werden. In seiner tiefen Verzweiflung
stürzte sich das Kirschkernbübchen ebenfalls vom Baum. Er
wusste, dass dies sein sicherer Tod war, aber wollte nicht ohne sein Kirschkernmädchen weiterleben. Er rollte sich mühsam
bis ans Fenster der Küche und rief nach seiner Liebsten. Sie antwortete auch und weinte los: „Liebes, liebes Bübchen, bitte rette
mich, ich will mit dir gemeinsam mein Leben beschließen."

Dieses Weinen hörte ein kleines Mäuschen, und es fragte das
Kirschkernbübchen, ob es helfen könne. Da klagte das Bübchen
dem Mäuschen sein ganzes Leid. Die Maus meinte, sie könne ja
versuchen, über das Fenster zum Kirschkernmädchen zu kommen und es vielleicht heraustragen. Aber sie hatten nicht mit
der aufmerksamen Bauersfrau gerechnet, die nach dem Mäuschen schlug und es verscheuchte. Immer näher kam die Zeit,
dass auch der Korb, in dem das Kirschkernmädchen lag, zum
Kochen dran war. Zum Glück musste endlich die Frau mal
eben nach draußen und das Mäuschen huschte schnell zum

Korb. Es nahm das Kirschkernmädchen vorsichtig ins Mäulchen und trug es zum Kirschkernbübchen. Traurig sahen die beiden sich an, denn sie wussten, dass dies nicht nur ihr Ende war, sondern auch das Ende des Kirschbaumes.

Da kam der Wagen des Bauern um die Ecke gefahren. Der Mann erkannte sofort das Unglück. Er ging in den Garten und fand das Kirschkernmädchen und das Kirschkernbübchen. Leider konnte er sie nicht mehr in den Baum zurückhängen, das war vorbei. Tieftraurig ging er mit den beiden zum Kirschbaum. Da flüsterte das Kirschkernbübchen dem Bauern ins Ohr: „Vergrabe uns bei der Wurzel des Baumes, das wird helfen." So machte sich der Bauer gleich an die Arbeit und seine Tränen begossen die Wurzeln.

Den ganzen Winter trauerte er um das Kirschkernmädchen und das Kirschkernbübchen. Im Frühjahr jedoch traute er seinen Augen nicht. Der Kirschbaum blühte in seiner vollen Pracht und ganz, ganz oben – da waren zwei ganz kleine wunderschöne Blüten, die ihm zulächelten. Im Sommer hing da oben ein neues Kirschkernmädchen und ein neues Kirschkernbübchen. Der Bauer aber schwor sich, nie wieder zur Kirschernte zu verreisen. ◇◇◇

Elisabeth Ullmann aus Wertingen

DIE BLUMENKINDER VOM RIED

Kennt ihr das Ried? Es ist total flach, hat viele Seen, an manchen Stellen ist es sumpfig. Und wenn man oben am Waldweg steht, meint man in der Ferne blaue Berge zu sehen, je nachdem, wie das Licht einfällt. Im Ried gibt es viele verschiedene Blumenarten. Kleine Orchideen, Hahnenfuß, Wiesenschaumkraut, Margeriten, Zittergras, Dotterblumen, Blutströpfchen, Nelken und noch viele andere Sorten mehr. Auch leben dort viele bunte Käferchen, Libellen und so manch anderes Getier.

Jedes Mal an Vollmond erwachen die Blumen zum Leben. Sie breiten ihre Blütenblätter aus, die ihnen dann als Röckchen dienen. Die Grashüpfer sind die Musikanten. Sie spielen mit ihren Geigen und Klarinetten auf zum Tanz. Der Vollmond erleuchtet das Ried, und die Glühwürmchen geben noch zusätzliches Licht. Die Bienen füllen ihren Honig, den sie am Tag gesammelt haben, in klitzekleine Becherchen, damit die Blümchen auch ab und zu ihren Durst stillen können. So tanzt die Dotterblume mit dem Zittergras einen Walzer, dass das gelbe Röckchen nur so in die Höhe fliegt. Das lilafarbene Wiesenschaumkraut fordert die rosafarbene Riednelke zum Tanz auf. Das Wiesenschaumkraut hat so viel Schwung genommen, dass ihm die lila Blüten nur so um den Kopf fliegen und der Nelke ganz schwindlig wird. Sie muss sich an einem dicken Grashalm festhalten, um nicht umzufallen.

Doch dann spüren die Tänzerinnen und Tänzer schon die ersten Tautropfen und der Mond wird ganz milchig und durchsichtig. Ihre Blätter hängen schon ganz schlaff herab. Bestimmt hast du schon einmal welke Blumen gesehen – du kannst sicher sein, dass diese Blumen in der Nacht beim Tanzen waren. Inzwischen naht schon der Morgen, die Lerche steigt singend in die Luft und alle Vögel beginnen zu zwitschern. Nur die Blümchen haben ihre Köpfchen geschlossen und schlafen tief und fest, bis die Sonne mit ihren Strahlen sie wieder wachküsst.

Aber es ist nicht nur immer schönes Wetter im Ried. An manchen Tagen wird es gar nicht so richtig hell. Dann schweben die Nebelfrauen mit ih
Landschaft und hüllen
zu können, greift man

sind sie. An solchen Tagen schlafen die Blumen. Und die Käfer und anderen Tiere verkriechen sich in der Wiese oder im Boden. Sogar die freche Feldmaus bleibt zuhause.

Dann wohnt da noch die Sturmbraut. Besonders im Herbst bläst sie ihre Backen ganz dick auf und spuckt ganz viel Wind und Sturm aus. Da fliegen die am Boden liegenden Blätter hoch hinauf in den Himmel. Für Tiere und Pflanzen keine gute Zeit. Wenn Wanderer an solchen Tagen unterwegs sind, kommen sie meistens nicht mehr nach Hause. Sie laufen den Nebelfrauen nach, die Irrlichter in der Hand haben. Sie fliegen mit diesen Irrlichtern hinaus in den Sumpf, ins Moor. Der Wanderer meint, er sieht ein Haus, ein Licht und folgt den Nebelfrauen. Aber sie führen ihn in den Sumpf. Und bis der Wanderer es merkt, zieht der Moormann, der unten im Sumpf wohnt, ihn tief hinab in sein Reich, wo er mit Schlangen und Blindschleichen lebt.

Am nächsten Tag scheint wieder die Sonne und keiner denkt mehr an die schreckliche Nacht. Das Ried ist friedlich, die Bächlein plätschern und im Hintergrund sieht man die blauen

Berge. Aber wie man sich so seit alter Zeit erzählt, wohnt in den blauen Bergen ein böser Zauberer. Die blauen Berge sind nur Illusion. Wer sie finden will, kommt dort nie an. Er wandert und wandert und wandert und sieht die Berge immer vor sich, bis er eines Tages vor Erschöpfung zusammenbricht und der Zauberer ihn holt und in einen weiteren blauen Berg verwandelt.

Zum Schluss möchte ich dir noch eine Frage stellen. Weißt du, warum das Blutströpfchen so heißt? Ich erzähle es dir. Eines Tages stach sich eine kleine Elfe an einem Dorn. Es floss ein Tröpfchen Blut heraus und verwandelte sich in eine Blume. Diese Blume sieht wie ein Tropfen aus und ist wegen des Bluts so dunkelrot. Sie steht meistens an den Bachrändern. Schau sie dir doch genau an. Man sieht dann auch noch den Dorn.

Gute Nacht und schlaf gut. Die guten Elfen beschützen deinen Schlaf. ◇✕✕◇

Jürgen Ziegelmeir aus Rain am Lech

AMELIE UND DAS GEBURTSTAGSWUNDER

Es war zwei Tage vor Amelies großem Fest. Übermorgen würde sie ihren zehnten Geburtstag feiern. Das wäre eigentlich Grund genug für sie gewesen, sich riesig zu freuen. Amelie wartete jedes Jahr sehnsüchtig auf diesen 8. Juli. Dann kamen nämlich Oma, Opa, Tante, Onkel und alle anderen Verwandten. Sie brachten ihr Geschenke, denn schließlich war es ja ihr großer Tag. Damit sie auch das Richtige schenkten, schrieb Amelie schon lange vorher ihre Wünsche auf einen großen Zettel. Und genau das wollte sie heute tun. Aber sie konnte keinen klaren

Gedanken fassen. In ihrem Kopf war nur ein einziges Bild. Und das trug sie schon seit zwei Wochen mit sich herum. „Mama, ich brauche keinen Palast und auch keinen Luxus", schluchzte Amelie. Sie wollte nur das Eine – und sie wollte es so sehr, dass es sie schmerzte. Dieses Mal war alles anders als die vergangenen Jahre. Denn heuer fehlte ihr etwas.

Die Nacht hatte schon den Tag abgelöst und den blauen Himmel weggeschoben. Der Vollmond strahlte mit den vielen kleinen Sternen um die Wette. Sein Licht fiel durch die Ritzen des Rollladens. Sie liebte den lustigen Gesellen mit seinem fröhlichen Gesicht. Aber heute hatte sie keinen Blick für ihn. Amelie saß auf ihrem Bett und kuschelte sich an Kimba, ihren großen weißen Stofflöwen. Im Moment brauchte sie ihn mehr denn je. Auf ihrem Schoß lag ein leeres weißes Blatt Papier. In der Rechten hielt sie ihren Stift. Er zitterte wie die Schatten an der

Wand, die die flackernde Kerze verursachte. Sonst tat er das nie. Sie wollte diesen einen Wunsch zeichnen. Dann begann Amelie und die Tränen liefen ungehindert über ihre Wangen.

Als sie fertig war, blickte er ihr entgegen. Ihn, den sie so sehr liebte. Sie hatte ihn voll getroffen, denn Amelie konnte gut zeichnen. Das sagten jedenfalls ihre Eltern und auch Frau Meier, ihre Klassenlehrerin. Bevor Amelie einschlief, schrieb sie noch diesen einen Wunsch unter ihr Bild: „Bitte Papa, komm wieder nach Hause!" Eine einzelne Träne fiel auf das Blatt und verwischte die vier Buchstaben „Papa". Dann schlief sie ein und begann zu träumen.

Plötzlich erhellte ein seltsames Leuchten den Raum. Dann schälte sich der wunderschöne Kopf einer jungen Frau aus dem Kreis. Er bestand aus verschiedenen Farben, die wie ein Regenbogen angeordnet waren. Die Frau hatte lange blonde Haare, feine Gesichtszüge und lächelte. So stellte sich Amelie eine Fee vor. „Hab keine Angst, meine kleine Amelie", sprach die Fee. „Deinen Wunsch kenne ich. Ich weiß, dass dein Papa im Krankenhaus liegt, weil er sehr krank ist. Vielleicht kann ich ihm helfen. Morgen wirst du früh erwachen. Dann stehst du sofort auf, nimmst deinen Wunschzettel und vergräbst ihn unter der hohen Birke im Garten während noch der Vollmond scheint. Dann musst du ganz fest daran glauben und beten, dass dein Vater wieder gesund wird. Du darfst es aber niemandem weitersagen. Verstehst du? Niemandem! Denn das ist unser Geheimnis!" Dann verschwand die Fee in dem Leuchten, das sich langsam aus dem Zimmer zurückzog.

Amelie erwachte tatsächlich viel früher als sonst. Noch war es ein bisschen dunkel. Doch die ersten Strahlen der Morgensonne färbten den Himmel im Osten schon rot. Der Mond lachte ihr noch entgegen. Also tat Amelie, was ihr das freundliche Wesen sagte und vergrub den Zettel unter der großen Birke. Jetzt musste sie nur noch hoffen und beten, dass alles wieder gut werden würde. Dann weinte Amelie noch einmal, weil sie gar so traurig war und die Tränen tropften auf die Erde unter der Birke. Dann ging sie zurück in ihr Bett.

Zwei Stunden später stand Amelie wieder auf. Ihre Mutter erwartete sie schon. Sofort nahm sie ihre Tochter in den Arm und fragte: „Hast du deine Wünsche schon notiert?" „Ach nein. Weißt du, diesmal lasse ich mich überraschen", antwortete Amelie. Den ganzen Tag hatte sie große Mühe, sich nicht zu verraten. Aber sie schaffte es und schwieg beharrlich.

Am nächsten Tag war dann endlich Amelies Geburtstag. Natürlich war sie sehr gespannt, was passieren würde. Darum stand sie wieder so früh auf. Sie zog sich an, rannte in den Garten zur großen Birke, und da sah sie es. Genau an der Stelle, wo Amelie den Zettel vergraben hatte, wuchsen zehn rote Rosen aus der Erde und bildeten ein Herz. Dann passierte es. Als sich Amelie umdrehte, sah sie ihn. Ihr Vater kam ihr mit einem Lächeln und offenen Armen entgegen. Sie rannte so schnell ihre kleinen Füße konnten und flog an seine Brust. „Papa?", fragte sie, weil sie es nicht glauben konnte. „Papa? Papa?..." Dann fühlte sie seine Arme, die so stark waren wie früher, und hörte seine kräftige Stimme, die gar nicht mehr zerbrechlich wirkte. Ganz dicht war sie an ihrem Ohr: „Ja, meine kleine Amelie, manchmal geschehen doch noch Wunder!" Und fortan lebte Amelie glücklich und zufrieden mit ihren Eltern! ◇✕◇

SPANNENDES

Walburga Prediger aus Weißenhorn

DAS GEHEIMNIS VOM GROSSEN ROTEN DING

Ein angstvoller Schrei gellte plötzlich über die so friedlich in der Abendsonne liegende Waldwiese: „Maa..mi, Maa..mi, komm schnell – da vorne liegt ein ganz großes, rotes Ding." Mit weit aufgerissenen Augen starrte Benni, das Hasenkind, auf das rote Etwas. Dabei wollte der Kleine doch nur noch ein Maul voll frischen Klee naschen, bevor er ins Bett geschickt würde. Die Hasenmama,

Emmi, hoppelte schnell herbei, um Benni zu helfen. Und dann sah auch sie es voll Entsetzen: das unbekannte rote Etwas. „Na, so etwas hatte sie hier im Wald noch nie gesehen – schnell weg, bevor es sich bewegt – komm Benni!"

Sie überlegten gemeinsam, wen sie wohl fragen könnten, um zu erfahren, was das für ein Ding sei. „Weißt du Benni, wir fragen die Igelfamilie – die kommt nachts weit herum. Vielleicht haben die Igel so ein Ding schon einmal gesehen." So machten sich die beiden auf den Weg zur Igelfamilie. Benni war froh, dass seine Mama das „Zu-Bett-gehen" vor Aufregung über das rote Ding ganz vergessen hatte. Sie mussten ein ganzes Stück hoppeln, um zu der Eiche zu kommen, wo die Igelfamilie wohnte.

Schon von Weitem hörte Benni das Geschrei der Igelkinder und die tiefe Stimme von Vater Igel: „Nein, Schluss jetzt, das war die letzte Geschichte. Nein, Julchen, keine Schnecke mehr, und Moritz, putze anständig deine Zähne, denn gleich geht die Sonne unter und dann müssen Igelkinder ins Bett." „Ha, ha, ich nicht", dachte Benni, „ich bin schließlich Ding-Entdecker."

Mama Hase klopfte an die Eingangswurzel, und gleich darauf kam die Igelin. Sie machte kugelrunde Augen und fragte verwundert: „Emmi, was machst du so spät noch hier? Ist etwas

passiert? Ist etwa ein Hund hinter dir her? Oder brauchst du etwas von meinen Wintervorräten?" Jetzt erst sah Igelfrau Alma den kleinen Benni, der hinter seiner Mutter stand. „Oder hat Benni etwas ausgefressen?"

Als die Igelfrau mit ihrer Fragerei nicht aufhören wollte, rief die Häsin: „Jetzt höre mir doch einmal zu, Alma. Wir wollten euch doch nur von dem dicken, roten Ding erzählen, das auf unserer Waldwiese liegt." „Dickes, rotes Ding? Na, das ist ja interessant", sagte Alma. „Wo liegt es denn? Da laufe ich gleich mit euch hin. Mein Mann soll sich um die Kinder kümmern."

Und so machten sich die drei auf den Weg durch den düsteren Wald. Als sie schwer schnaufend zur Wiese kamen, trat gerade der Mond hinter einer Wolke hervor und erhellte den unheimlichen Schauplatz. Sechs Augenpaare starrten neugierig und ängstlich zugleich auf das Ding. Plötzlich sagte Alma: „Es ist bestimmt gefährlich. Es war irgendwo festgebunden. Seht nur, an ihm hängt noch ein Stück Schnur. Hm, was machen wir, was machen wir?" Als die drei ratlos auf das Ding starrten, flüsterte Benni plötzlich: „Vielleicht ist es vom Himmel gefallen?" Da hatte Alma eine Idee. „Ja", rief sie, „wir fragen Bobo, der kennt alles, was sich in der Luft bewegt."

Ihr werdet jetzt fragen: „Wer ist Bobo?" Bobo ist eine Eule, die in der großen, alten Eiche direkt über der Igelfamilie wohnt. Als die drei Ding-Entdecker bei der Eulenwohnung angekommen waren, rief Alma: „He Bobo, bist du schon wach? Hier ist Alma, strecke mal deinen Kopf raus. Wir müssen dir etwas Aufregendes erzählen." Ein tiefes Krächzen war zu hören, und dann kam Bobos Kopf aus dem Loch. Alma erzählte aufgeregt von dem unbekannten Fund auf der Waldwiese und fragte zum Schluss: „Kennst du so etwas?"

Bobo war nun ganz aus seiner Schlafhöhle gekrochen und putzte sich gelangweilt seine großen Schwungfedern, legte den Kopf schief und brummte: „Aus deinem aufgeregten Geplapper kann ich nichts entnehmen und kann mir auch nichts darunter vorstellen. Aber euch zuliebe werde ich mir das Ding einmal ansehen. Ich habe ja schließlich fast die ganze Welt gesehen." Alma sagte leise zu Emmi: „Er ist zwar ein alter Angeber – aber stets hilfsbereit." So flog Bobo elegant durch die dunklen Baumkronen, um das Geheimnis des dicken, runden, roten Dings zu ergründen. Emmi sprach jetzt aber streng: „So, Benni, wir gehen jetzt heim. Alma muss zu ihren Kindern und wir müssen ausgeschlafen sein, wenn wir uns morgen früh auf der Waldwiese treffen."

Ein Kuckuck weckte die Bewohner des Waldes, und als Benni und seine Mutter Emmi zur Wiese kamen, waren schon alle Tiere versammelt, denn die Neuigkeit hatte sich schnell herumgesprochen und jeder wollte das Ding mit eigenen Augen sehen. Vor all den Tieren stand mit stolz geschwellter Brust – Bobo, der gerade zu einer Rede anhob: „Also, Freunde, voll Mut bin ich ganz nahe an das Ding herangeflogen und habe das Ding mit meinen Flügelspitzen berührt. Dabei stellte ich fest, dass es sich bei dem Objekt um einen Luftballon handelte, der hier gelandet ist. Also kann ich alle Waldbewohner beruhigen: Das Ding ist ungefährlich."

Noch etwas zögernd gingen die ersten Tiere einen Schritt vorwärts auf das Ding zu. Da sahen sie, wie sich ein zarter, bunter Schmetterling ganz frech auf das Ding setzte. Davon wurde der Luftballon wach. Er stellte sich auf und schaute etwas ängstlich in die Runde, weil er von so vielen Tiere umringt war. Er wusste ja nicht, was sie von ihm wollten. Er dachte, es wäre vielleicht angebracht, zuerst einmal höflich zu sein und „Guten Morgen" zu sagen. Da lachten alle und begannen, ihn mit Fragen zu bestürmen. Sie wollten wissen, wo er hergekommen ist, wo er hin will und wie lange er noch bliebe.

Benni traute sich dann auch ganz nahe an den Luftballon heran und sagte: „Erzähle uns doch von der Welt, die weit hinter unserem Wald liegt." Da erzählte der Luftballon von einem großen Kaufhaus und den vielen, vielen Luftballons, die in den herrlichsten Farben leuchteten. Er erzählte von einem kleinen Mädchen, das glücklich mit ihm herumgesprungen war, aber auch von den Kullertränen der Kleinen, als sie plötzlich die Schnur verlor und wie er darauf vom Wind erfasst wurde und immer höher und höher getrieben wurde. „Als dann aber der Wind seine Kraft verlor, sank ich tiefer und tiefer und landete hier bei euch", erzählte der Luftballon. Toll, riefen alle Tierkinder: „Bleibst du immer bei uns?" „Nein", lachte der Luftballon, „wenn der Mittagswind kommt trägt er mich wieder fort, neuen Abenteuern entgegen." ◇✕✕◇

Hildegard Beierlein aus Stadtbergen

FLORIAN SIEHT OHNE AUGEN

Florian war ein lustiger Bub, insbesondere an Tieren und Pflanzen interessiert. Deshalb besuchte er auch den Waldkindergarten. In seiner Gruppe wollte er viel über die Natur erfahren. Da gab es allerdings eine Besonderheit bei Florian. Er hatte zwar zwei schöne, leuchtende Augen – aber diese Augen konnten nichts sehen. Florian war blind. Trotzdem wollte er bei den Ausflügen mit in den Wald gehen, um verschiedene Bäume, Pflanzen und Tiere kennenzulernen. Die anderen Kinder in seiner Gruppe fragten sich, ob das überhaupt möglich sei, wenn er doch nichts sieht. Doch Florian setzte sich durch und ging mit. Zu den Kindern sagte er: „Ihr werdet schon sehen, wie ich das mache."

Im Wald angekommen, wurde die Temperatur etwas kühler und es wurde etwas feuchter. Florian spürte das auf seiner Haut und meinte: „So, ich glaube, wir sind da. Stimmt's?" Die

Kinder versammelten sich unter einem großen Baum. Die Begleiterin erklärte ihnen diese Baumart. Florian ging ganz nahe zum Baumstamm hin. Er befühlte ihn ringsum mit seinen Händen. Die Rinde war rau und rissig. Er tastete noch nach den Blättern und stellte fest, dass sie glatt waren und länglich geformt, mit kleinen Bögen am Rand. Das war eine Eiche.

Mehrere Schritte rechts stand noch ein großer Baum. Die Kindergärtnerin sagte, dass er auch sehr groß sei. Sie forderte die Kinder auf, auch hier die Blätter gut anzusehen. Florian erhielt ein Blatt von einem anderen Jungen und hielt es in seinen Händen. Er befühlte es ruhig und genau. Dieses Blatt war auf der einen Seite ganz glatt. Beim Umdrehen spürte man Rillen, die sogenannten Blattrippen. Florian wollte auch die Rinde betrachten. Sie fühlte sich total anders an als beim vorigen Baum. Sie war ziemlich glatt. Dieser Baum war eine Buche.

Weiter ging die Entdeckungsreise zum dritten Baum. Seine Rinde fühlte sich wieder ganz anders an. Sie war rau und kratzig und an manchen Stellen klebrig. „Diese klebrige Masse ist Baumharz", wusste eines der Kinder. „Davon macht meine Oma eine Zugsalbe", sagte ein Mädchen. Die schmiert die Oma dann auf eiternde Stellen am Finger.

Das Baumharz hat einen guten, intensiven, typischen Geruch, der ein bisschen an ein Hustenbonbon erinnert. Auch Florian wollte ein Blatt fühlen. „Sei vorsichtig", sagte die Erzieherin. Aber als Florian etwas vom Baum erwischte, zog er gleich die Hand wieder weg. Diese Dinger stupften fürchterlich, so als ob er Nadeln erwischt hätte. Tatsächlich waren es Nadeln, nämlich Fichtennadeln. Nun hatte Florian schon gelernt, dass Bäume Blätter oder Nadeln tragen und dass sie dann Laub- oder Nadelbäume sind. Bei den Laubbäumen hatte er ja schon zweierlei kennengelernt. Wie hießen die noch mal wieder?

BUCHE

SCHNECK

Der Bub war sehr interessiert und wollte auch wissen, wie sich der Boden anfühlt, auf dem die Bäume stehen. Mit seinen Händen strich er langsam und zart darüber. Da lag etwas Glattes, eher Rundes, Hartes und Kühles. Das musste ein Stein gewesen sein. Daneben war gleich noch ein rundes Ding, aber viel leichter, fast zerbrechlich und außen mit Rillen versehen. Den anderen Kindern zeigte er seinen Fund auch. Sie prägten sich hauptsächlich Farbe und Form ein. Ein Mädchen kannte den Gegenstand ganz gut: Es war ein leeres Haus einer Schnirkelschnecke. „Es gibt auch größere Häuser, die sind dann von den Weinbergschnecken", meinte es. Das Mädchen kannte die Schneckenhäuser deshalb ganz gut, weil es manchmal zusammen mit seiner Oma aus leeren und gewaschenen Schneckenhäusern schöne Dekorationen für die Fensterbank und den Garten bastelt.

FICHTE

Florian merkte plötzlich, wie etwas Kühles, Luftiges über seine Wange strich. Seine Locken auf dem Kopf kamen ganz durcheinander. Nein, das war dieses Mal nicht der kleine Frechdachs aus seiner Gruppe. Er spürte es deutlich: Das war der Wind. Gleich darauf fühlte er etwas Nasses auf seiner Haut. Es muss ein Regentropfen gewesen sein. Neugierig, wie Florian war, fragte er seine Kindergartenfreunde, welche Form denn der Wind und ein Regentropfen haben. Die Kinder schauten sich ratlos an und meinten, dass man den Wind gar nicht sehen könne. Eventuell aber hören, wenn er so pfeift. Ein Regentropfen ist sehr klein und fällt sehr schnell – auch bei ihm ist es schwierig, seine Form und Farbe zu bestimmen. Er ist eher farblos, durchsichtig und hat eine rundliche bis ovale Form, die man aber gar nicht so gut sehen kann, weil er so schnell auf die Erde fällt.

Da fiel den Kindern auf, dass es in der Natur Erscheinungen gibt, die man gar nicht alle richtig sehen kann. Sie überlegten zusammen, ob es noch mehr solcher Dinge gibt. Ob die Luft kühl oder warm ist, kann man eigentlich auch nicht sehen, sondern nur fühlen. Welcher Vogel das ist, der da ruft, kann man manchmal auch nur an der Stimme erkennen, wenn sich das Tier im Geäst versteckt. Zwei Blumen schauen bisweilen auch ähnlich aus – zum Beispiel das Duftveilchen und das Hundsveilchen, aber an seinem Geruch merkt man den Unterschied. Um Bärlauchblätter von Maiglöckchenblättern unterscheiden zu können, hilft manchmal auch nur riechen. Beim Gewitter gibt es Blitz und Donner. Der Blitz zuckt am Himmel sehr hell und der Donner kracht und grollt in der Luft – ihn kann Florian hören, und so weiß er, wenn gerade Gewitter ist.

Florian merkte, dass man in der Natur nicht nur Augen braucht, sondern auch eine gute Nase zum Riechen, ein feines Gespür zum Fühlen und aufmerksame Ohren zum Hören. Er merkte, dass auch er die Natur entdecken kann, wenn er nur aufmerksam, gefühlvoll und konzentriert durch die Welt geht. Darüber freute er sich sehr und erzählte das seiner Mama am Abend ganz begeistert: „Ich habe heute den Wald gesehen!", sagte er. Seine Mutter war darüber sehr glücklich und meinte: „Manche Menschen sehen mit ihren Ohren, ihrer Nase und mit den Händen wunderbarer als manche Menschen mit den Augen. Sie werden durch so viele Eindrücke über die Augen oft abgelenkt und überfordert. Sie können sich das Bild, das sie heute gewonnen haben, oft morgen nicht mehr vorstellen. Das Hören, Fühlen und Riechen sind auch Geschenke der Natur, um sich orientieren zu können. Sie gehören neben dem Sehen und Schmecken zu den fünf Sinnen, die der Mensch hat."

Florian dankte dieses Mal beim Abendgebet Gott ganz besonders für diese Gaben und schlief bald ein und träumte vom Wald. Die anderen Kinder von der Waldgruppe aber dachten, dass sie es auch mal mit verbundenen Augen probieren wollten, die Natur zu entdecken. Das muss ein ganz neues Gefühl und Erlebnis sein. Aber zunächst wollten sie noch eine Nacht darüber schlafen… ◇✕◇

Brigitte Lebioda aus Weiler

MEIN FREUND, DER BACH

Ein Bach sollte unser Vorbild sein. Zu Beginn ist er noch ganz klein so wie wir. Auf seinem spannenden Weg ans Ziel nimmt er weitere, oft unscheinbare Bächlein auf. Er umarmt sie und wispert leise: „Komm, lass uns den Weg gemeinsam gehen!" Und so wächst der Bach stetig an.

Fortan bietet er schon unzähligen Fischlein ein Zuhause und lädt Kinder zum Spielen ein. Holterdiepolter geht's weiter. Lustig bunte Papierschiffchen – gebastelt von Kinderhand – lassen sich vom kleinen Fluss treiben. Wo die Reise wohl hingeht? Wir werden es nie erfahren. Schmetterlinge in ihren farbenprächtigen Kleidchen sonnen sich auf dottergelber Blütenpracht und wünschen dem Bach eine gute Reise.

Plumps! Kaum wahrnehmbar landet ein Prachtkerl von Regenwurm – der allerdings am Angelhaken hängt – im kühlen Nass. Gerade noch rechtzeitig kann der Fluss die Fischlein warnen: „Je verlockender das Angebot, desto größer die Gefahren", mahnt er im Vorbeiziehen. Ob es was genützt hat? Das weiß keiner so genau.

Viele weitere Bäche aus aller Herren Länder und allen Himmelsrichtungen lassen den kleinen Fluss zu einem richtig „Großen" anschwellen. Er treibt bereits Wassermühlen an, bewässert zahllose Felder, und hilft verheerende Feuer zu löschen. Wer hätte gedacht, dass ein anfangs so unscheinbares Bächlein eines

Tages derart viele unterschiedliche Dienste leisten kann? Der Fluss nimmt seinen Weg, vorbei an malerischen Burgen und Schlössern. Allzu gern würde er kurz verweilen. Jedoch alles ist stets und ständig im Fluss, erst recht ein Fluss. Und so geht es weiter, immer weiter. Blühende Auen erwarten den Fluss ebenso wie gefährliche Wasserfälle. Der Fluss fürchtet sich ein bisschen. Aber ohne die halsbrecherischen Klippen, die das Wasser mit dem so dringend benötigten Sauerstoff bereichern, wären er und seine Bewohner verloren.

Jedoch eines Tages kommt ein Bächlein daher und fragt ganz vorsichtig an: „Darf auch ich mit euch gehen?" Sein Wasser ist extrem giftig und stinkt regelrecht gegen den Himmel. Der majestätische Fluss macht sich Gedanken…, viele Gedanken sogar. Dann antwortet er weise: „Du bist herzlich eingeladen, den Weg mit uns zu gehen. Denn du kannst nun wirklich nichts dafür, dass du gar so grässlich bist. Bitterböse Menschen haben dich verpestet! Allzu viel Gift und Dünger auf den Feldern und in den Fabriken, das kann ja auf die Dauer nicht gut gehen. Am Ende landet das Zeug im Wasser. Bei mir bist du gut aufgehoben." Und schon legt der Fluss seinen schützenden Arm um

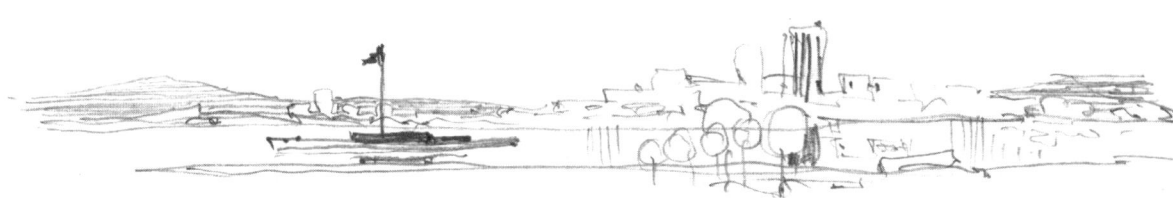

den bedauernswerten Tropf. Eine wirklich kluge Entscheidung. Hätte der Fluss das „hässliche Entlein" abgewiesen, hätte sich sein Wasser gestaut und gestaut und gestaut. Eines Tages wäre der Bach dann unweigerlich über die Ufer getreten und hätte große Gebiete zerstört und verpestet. Vielleicht sogar dein Leben. In dem riesigen Fluss jedoch konnte der Bach keinen großen Schaden anrichten. Im Gegenteil, er vermischte sich mit seinem großen Bruder. Warum die Menschen das kostbare Nass vergiften, versteht der Fluss nicht.

Der Herbst zieht ins Land und hüllt den Fluss in ein Gespinst aus Nebel. An Zuckerwatte erinnernd ist der Schleier von nun an sein Wegbegleiter. Doch allzu viel Zeit bleibt nicht. Mit einem Paukenschlag macht der Winter auf sich aufmerksam. Nach einer kristallklaren und zudem bitterkalten Novembernacht überzieht den Fluss ein Glitzermeer aus Eis. Wie lange die Pracht wohl anhält? Die Antwort liegt in Gottes Hand.

Auf dem letzten Teil seiner Reise wächst der Fluss zu einem imposanten Strom an, der riesige Schiffe trägt und stromerzeugende Turbinen antreibt. Er ernährt zudem viele, viele Menschen und bietet unzähligen Tieren ein willkommenes Zuhause bietet. Nach schier unglaublichen Abenteuern aber auch Gefahren ist der große Moment gekommen. Das Wasser, das einst in kleinen Bächen floss, erreicht sein Ziel: das endlose Meer! ◇✕◇

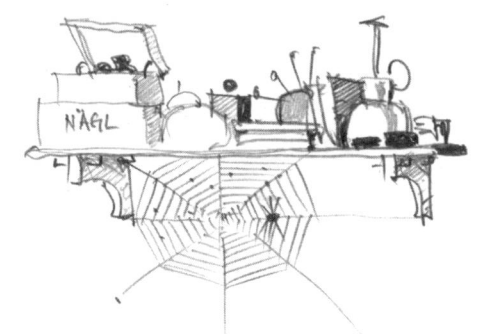

Carmen Wenninger aus Augsburg

ALEXANDER UND DAS KELLERGESPENST

„Komm, Alexander, lass uns in den Keller gehen!", rief Mutter, und Alexander begann zu grinsen. Er liebte es, mit seiner Mama in den Keller hinabzusteigen, denn unten angekommen, spielten sie häufig Gespenst. Seine Mutter oder er versteckten sich und fingen schaurig an zu heulen. Manchmal klang das so gruselig, dass er am liebsten sofort wieder nach oben gelaufen wäre. Aber er war ja kein Baby mehr.

Während er seine Hausschuhe anzog, ging seine Mutter schon voraus. Schnell flitzte er hinterher. Kaum betrat er den Keller, hörte er auch schon ein schauriges „Huhu!". Alexander lächelte und begann zu suchen. Meistens waren die Verstecke seiner Mutter leicht zu finden. Heute nicht. Er schaute in alle Räume hinein, blickte hinter die Türen und unter die Tische. Nichts. Er konnte sie einfach nirgends entdecken. Gerade wollte er einen Augenblick innehalten und überlegen, wo er sie noch suchen konnte, als ihre Stimme vom Treppenhaus her erklang. „Na, bist du schon unten?", rief sie, „ich musste noch schnell den Müll hinaustragen!"

Alexander erstarrte. Ein kalter Schauer lief ihm über den Rücken. Wie konnte es sein, dass er im Keller ihre Gespensterstimme gehört hatte, wenn sie gar nicht da war? Verwundert strich er sich über den Kopf und erschrak abermals. Eine Hand hatte sich auf seinen Rücken gelegt. Wieder zuckte er zusammen und drehte sich wie der Blitz um seine Achse.
Seine Mutter lachte. „Alexander, was ist mit dir? Hast du ein Gespenst gesehen?" Nein, ein Gespenst gesehen hatte er nicht, aber vielleicht eines gehört!

Als sie wieder oben waren, ging Alexander dieses Geräusch nicht aus dem Kopf. In seiner hellen, freundlichen Wohnung schämte er sich fast ein bisschen, dass er sich von so einem Geheule überhaupt so viel Angst einjagen ließ. So gruselig war es doch gar nicht gewesen. Vielleicht sollte er noch einmal nachsehen. Er atmete tief durch und machte sich entschlossen auf den Weg nach unten.

CHATEAU
FRÉDÉRIC

Hastig stieß er die Kellertür auf und drehte den Lichtschalter an. „Huhu, ist hier jemand!", rief er laut. „Huch", hörte er da einen leisen Aufschrei. Dann sah er eine weiße Gestalt auf sich zuschweben. „Was fällt dir ein, mich so zu erschrecken?" Alexander rieb sich verwundert die Augen! Sollte er so schnell wie möglich weglaufen? Nein. Er wollte herausfinden, was es mit dieser Gestalt auf sich hatte. „Du hast mich erschreckt", entgegnete er forsch, „und überhaupt: Was hast du in unserem Keller verloren?"

Da fing die Gestalt jämmerlich an zu weinen. „Ich bin – ja... – schnief – frei…" So begann es stockend seine Geschichte zu erzählen. Das Gespenst hieß Frederick und lebte normalerweise in einem Schloss. Allerdings hatte er da seiner Familie so viele Streiche gespielt, dass sie ihn zur Strafe eine Woche aus dem Schloss verbannt hatten. Er sollte eine strenge, alte Tante besuchen, doch die war selbst für ein Gespenst zu gruselig. Deswegen hatte Frederick beschlossen, die Woche anderswo zu verbringen. Alexanders Haus war mit Efeu bewachsen und wirkte auch ansonsten sehr heimelig. Es hatte Frederick auf Anhieb gefallen und, schwupps, hatte er auch schon einen Weg in den Keller gefunden. „Hier musste ich leider feststellen, dass euer Keller nicht sonderlich gemütlich

ist!", schnauzte er Alexander frech an – dann erstarrte er und begann, immer kleiner zu werden, so klein, dass er sich in Alexanders Hosentasche verstecken konnte.

Alexander hatte keine Ahnung, was los war. Doch plötzlich lief ihm ein kalter Schauer über den Rücken und er fühlte sich beobachtet. Ängstlich und nur mit großer Überwindung begann er, sich umzudrehen, dabei fühlte er sich gar nicht wohl. Im Gegenteil, sein Magen grummelte, seine Knie zitterten und seine Beine wären am liebsten davongelaufen. Dann sah er sie: fünf weitere Gespenster. Die hätten an sich gar nicht so furchteinflößend gewirkt, doch ihr Mienenspiel verhieß nichts Gutes. Aus ihren Augenhöhlen kamen kleine Blitze und ihre Münder waren gar schaurig verzogen.

„Hallo", stammelte Alexander mutig. „Was kann ich für euch tun?" Das hätte er besser nicht gefragt, denn nun ergoss sich ein Schwall von Worten über ihn. Es dröhnte und donnerte nur

so um ihn herum. Da wurde es ihm zu bunt. „Wisst ihr denn nicht, was sich gehört. Einer darf reden und die anderen halten gefälligst dann ihren Mund, sonst verstehe ich nichts. Außerdem wird es bei diesem Lärm nicht mehr lange dauern und mein Opa oder meine Mama werden hier auf der Matte stehen, und dann könnt ihr was erleben, das verspreche ich euch! Also, ich frage nochmals. Worüber ärgert ihr euch?", sagte Alexander. „Wir sind gekommen, um Frederick zu holen. Er hat sich seiner Strafe widersetzt, und das wird Folgen haben!", antworteten die Gespenster. „Nein!", piepste es da aus Alexanders Tasche, „ich werde nicht zu Tante Walpurgia gehen. Die ist alt und modrig und so furchtbar, dass es kein Gespenst auch nur länger als zwei Stunden mit ihr aushält!"

Nun begann eine rege Diskussion. Frederick hatte anscheinend seinen Mut wiedergefunden und kam aus der Tasche hervor und begann auch wieder zu wachsen. Seine Familie aber ließ sich nicht von ihrem Vorhaben abbringen. Alexander konnte förmlich sehen, wie sehr es Frederick vor Tante Walpurgia grauste. Er musste ihm helfen. „Halt!", rief Alexander streng, „ihr kommt doch so nicht weiter!" Und wirklich, die Gespenster waren so verdutzt, dass sich der kleine Menschenjunge in ihre Diskussion einmischen wollte, dass sie alle schleunigst ihren Mund hielten. „Frederick hat euch scheinbar so sehr geärgert, dass er eine Strafe verdient hat. Aber ist es nicht Strafe genug, dass er eine Woche ohne Mama und Papa und Geschwister sein muss? Dass er sein kuscheliges, heimeliges Schloss für einen unbequemen Keller eintauschen muss? Dass er hier immer ein bisschen Angst haben muss, dass ihn jemand entdeckt und fängt? Und noch eine Frage. Würde es jemand von euch auch nur einen ganzen Tag mit Tante Walpurgia aushalten?" Bei Alexanders letzter Frage zuckten alle Gespenster zusammen, dann begannen sie, miteinander zu tuscheln. Nach einer Weile räusperte sich eins und machte einen Schritt auf Frederick zu. „Dein menschlicher Freund hat recht! Es reicht, wenn du hier deine Woche absitzen musst! Du bleibst hier und wir holen dich in einer Woche wieder ab!" Mit diesen Worten lösten sich die Gespenster in Luft auf.

„Alexander, komm bitte rauf. Es gibt Abendessen und dann ist es Zeit fürs Bett!", rief seine Mutter. Alexander zeigte Frederick noch schnell, wo er es sich gemütlich machen konnte, dann lief er nach oben. Was für ein aufregender Tag heute doch gewesen war. ◇✕◇

Manfred Radziewicz aus Königsbrunn

LINNEFEIN RETTET SEINE FREUNDE

Das Wuzzelschweinchen schlich in den nahen Wald und vergrub seine Kitekat-Dose unter einer alten Eiche, um am Abend davon zu probieren. Katzenfutter soll eine ganz besondere Delikatesse sein! Das Wuzzelschweinchen wollte auch wissen, wie Delikatessen schmecken… Es wusste zwar genau, dass seine Mutter, die gute Wuzzelfrau, es ihm verboten hatte, Abfall oder gar Blechdosen in den Wald zu bringen oder dort zu vergraben. Aber diesmal meinte es, es so geschickt gemacht zu haben, dass es niemand entdecken würde. Auch seine Wuzzelmutter nicht oder gar sein Wuzzelvater. Der war ganz streng und ärgerlich, wenn er beim Eichelsuchen – und die mochte er am allerliebsten – Abfall im Waldboden fand. Er wusste, dass die Menschen immer wieder Abfälle liegen lassen oder vergraben. Und wenn er die Kitekat-Dose fände, käme er niemals darauf, dass die von ihm, dem lieben braven artigen Wuzzelschweinchen, stammen könnte. Mit der Katzenfutter-Dose hat das nämlich so seine

Bewandtnis: Das Wuzzelschweinchen hörte immer, dass seine Mutter sich aufregte, weil der Nachbar-Kater Schnurre-Murre nur Kitekat zu fressen bekäme. Dies sei eine Delikatesse, damit das Fell des Katers immer schöner werde, sagte die Nachbarin. Als das Wuzzelschweinchen nun im Nachbargarten die halb geöffnete Dose mit dem Katzenbild sah, wusste es sofort, dass da Kitekat drin ist. Schnapp-die-schnapp nahm es die Dose mit seiner Schnauze und trug sie in den Wald. Aber schnell wieder zurück ins Haus, damit niemand merkt, dass das Wuzzelschweinchen weg war.

Kurz darauf kamen die beiden frechen Buben Jan und Klaus in den Wald. Die hatten bestimmt wieder irgendeinen Unfug im Sinn. Was mochte sich da ereignen? Ach, sie suchten nur Pilze. Aber sie hatten keine Ahnung, wo welche wuchsen! Sie liefen kreuz und quer herum, zertrampelten viele kleine Blumen und waren ganz aufgeregt, als sie endlich einen schönen roten Pilz mit weißen Flecken gefunden hatten. Sie brachen den Pilz ab und steckten ihn in ihre Plastiktüte, die Klaus aus seiner Tasche zog. So schlenderten sie weiter umher, fanden aber nichts mehr. Eigentlich hatten sie auf eine ganze Tüte voll Pilze gehofft. Nun war es nur der eine rote mit weißen Flecken. Jan erinnerte sich, dass das eventuell ein giftiger Pilz sein könnte. Er warf die Tüte mit dem Pilz in den Wald und beide schlenderten wieder nach Hause.

Am nächsten Tag, es waren nämlich Schulferien, machten sich Jan und Klaus wieder auf, um im Wald herumzustromern. Sie sprangen über Gräben, entdeckten einen kleinen Bach, beobachten die Libellen und entdeckten sogar kleine Lebewesen in einem Tümpel. Klaus war etwas älter als Jan und erklärte ihm, dass das Kaulquappen seien. Aus Kaulquappen werden eines Tages richtige Frösche. Aber allmählich wurde es ihnen langweilig und sie setzen sich ins Gras und tranken die mitgebrachte Limo-Flasche aus, die Jan aus dem Kühlschrank stibitzt hatte. Dann legten sie sich ins Gras und dösten vor sich hin. Da machte Jan

den Vorschlag, dass man die Flasche mit Wasser füllen solle, um sie mit einem Stein aus sieben Metern Entfernung zu treffen. Das machte ihnen viel Spaß, etliche Treffer gingen daneben, aber dann warf Jan einen Stein so kräftig und geschickt, dass die Flasche in tausend Stücke zersprang. Anschließend wussten sie nicht mehr, was sie tun sollten, und schlenderten wieder nach Hause.

Du weißt bestimmt, dass es Förster gibt, die nach dem Rechten schauen. Zum Beispiel, ob es nötig ist, einen Baum zu fällen, weil der alt ist und vielleicht umstürzen könnte. Ein Förster kümmert sich auch um die Tiere, damit sie im Winter genug zum Fressen haben. Aber alles kann er auch nicht sehen. Dafür gibt es die guten Waldgeister. Die sehen alles. Und die haben auch gesehen, dass das Wuzzelschweinchen die Kitekatdose unter der Eiche vergraben, dass Jan die Plastiktüte mit dem Fliegenpilz einfach in den Wald geworfen und dass er die Glasflasche in tausend Stücke zertrümmert hat, die nun im Wald herumliegen.

Nun waren schon einige Tage vergangen und der Rabe Krächz flog überall herum, um Futter zu suchen. Er hatte schon mächtig Hunger, da er nirgendwo etwas zum Fressen fand. Da kam er auf die Idee, einmal in den Wald zu fliegen, um dort Futter zu suchen. Er hatte davon gehört, dass es im Wald Käfer und Würmer gibt, die recht gut schmecken. So flog er

nun von seinem Feld, welches er zusammen mit den anderen
Raben nach Nahrhaften absuchte, in den nahen Wald. Und
er war sehr erfreut, so viel Leckeres zu finden. Er kratzte im
Waldboden auch unter der Eiche, und da duftete es ganz besonders gut. Und was meint ihr, was er dort fand? Die Kitekat-
dose, die das Wuzzelschweinchen vergraben hatte. Der Deckel
war nur etwas geöffnet, und so musste er mit seinem harten
Schnabel kräftig darauf hacken und den Kopf in die Dose stecken, um an das köstliche Kitekat zu kommen. Aber als er den
Schnabel und den Kopf aus der Dose ziehen wollte, gab es kein
Vorwärts oder Zurück. Er krächzte jämmerlich, aber keiner
hörte ihn. Oder vielleicht doch jemand?

Da stand plötzlich der Waldgeist Linnefein vor ihm und sah,
was dem Raben widerfahren war. Er hatte nie zuvor einen Raben gesehen, aber er wusste sofort, dass der Rabe in großer Gefahr war zu ersticken. In aller Eile holte er einen Uhu herbei.

Uhus schlafen bei Tag, aber unser Waldgeist wusste ihn zu wecken und ihn zu bitten, den Raben aus der misslichen Situation zu befreien. Mit ein paar kräftigen Schnabelhieben und seinen kräftigen Krallen konnte der Uhu die Dose von dem Rabenkopf wieder herunterbringen.

In großer Dankbarkeit flog der Rabe davon und schwor, nie wieder in den Wald zu fliegen, wo es so gefährlich ist, weil dort überall Blechdosen herumliegen. Der Waldgeist Linnefein war sehr froh, dass er dem Raben helfen konnte, war aber sehr verärgert, dass Blechdosen im Wald vergraben wurden, statt sie zum Wertstoffhof zu bringen. Er flog zu seinem alten Freund, dem Zauberer Horribiliskribifax und erzählte ihm, was geschehen war.

Am selben Tag war Linnefein noch einmal im Einsatz. Die Sonne schien und alle Tiere waren fröhlich und munter, die Frösche hüpften und quakten an dem Tümpel, an dem Jan und Klaus ihr Flaschenzielwerfen geübt hatten. Die Buben waren ja so stolz gewesen, dass die Flasche in tausend Stücke zersprungen war. Davon wusste aber der Hase Hoppelpoppel nichts und suchte die Gegend nach Kräutern ab, die er am liebsten mochte. Da sah er eine schöne Wildkohlpflanze, und mit einem großen Satz sprang er dorthin – aber mit einem Schrei ließ er sich ins Gras fallen. Seine rechte Pfote blutete. Er leckte sie ab, aber sie blutete immer weiter. Er war genau in eine der tausend Flaschenscherben gesprungen.

Aber wofür gibt es denn die guten Waldgeister? Im Nu war der Waldgeist Linnefein zur Stelle und sah, was geschehen war. Er suchte ein paar Heilkräuter und legte sie auf die verletzte Pfote. Nach ein paar Minuten war die Blutung gestillt, und der Hase konnte sich wieder erheben. Er hoppelte vorsichtig zurück zu seinem Bau, wo seine Frau und seine Kinder schon lange auf ihn warteten. Der Waldgeist war traurig, dass es den Hasen so erwischt hatte, und erzählte auch das dem Zauberer Horribiliskribifax. Der Zauberer war darüber sehr wütend.

Aber leider musste der gute Waldgeist noch einmal zur Hilfe kommen. Was war geschehen? Der Frosch Quack-u-quack hüpfte aus dem Tümpel heraus, wo seine kleinen Kaulquappen lustig umherschwammen. Ein Frosch kann ja auch nicht den ganzen Tag im Tümpel herumschwimmen. Da sah er auf der Wiese etwas Seltsames liegen. Er hüpfte heran und es roch auch ganz besonders. So einen Geruch kannte er nicht. Vorsichtig näherte er sich dem betörenden Duft, der aus einer Höhle kam, die da auf der Wiese lag. Ihr wisst es ja, es ist die Plastiktüte, die Klaus mit dem Fliegenpilz einfach weggeworfen hatte. Der Frosch Quack-u-quack krabbelte in die Tüte hinein und war von dem Duft so berauscht, dass er den Ausgang aus der Tüte

nicht mehr fand. Er merkte, dass er in großer Gefahr war und quakte so laut, wie er nur konnte. Bald war er aber davon so erschöpft, dass nur noch ein klägliches Quaken aus der Tüte kam.

Glücklicherweise hörte der Waldgeist Linnefein dies und kam unserem Frosch zu Hilfe. Nur wie konnte er ihm helfen? Da musste der Rabe gerufen werden, den er aus der Dose befreit hatte. Im Nu war der Rabe zur Stelle, er fasste die Tüte an der geschlossenen Seite an, hob sie hoch und Quack-u-quack konnte herausspringen. Dann hüpfte er so schnell er konnte zu seinen Kaulquappen zurück.

Als der Waldgeist das dem Zauberer Horribiliskribifax erzählte, war dieser so erzürnt, dass er die Übeltäter bestrafen wollte. So lockte er das Wuzzelschweinchen in den Wald. Der Zauberer verlangte, dass er ein großes Stück Wald mit seiner Schnauze nach Abfällen durchsuchen und diese ausgraben musste. Klaus und Jan mussten den Abfall auf einen großen Wagen laden und zur Müllabgabestelle bringen. Die Scherben mussten sie alle einzeln einsammeln. Und es waren sehr, sehr viele!! Außerdem mussten sie dem Zauberer versprechen, nie wieder Abfall in den Wald zu bringen. Denn sie wussten jetzt auch, dass alles entdeckt wird.

Nach diesen aufregenden Ereignissen wünsche ich dir eine gute Nacht. ◇✕◇

Kerstin Buchart aus Eggelstetten

DAS SCHRANKGESPENST

Endlich ist es wieder so weit. Es sind Ferien und Anni darf wieder bei Opa und Oma übernachten. Annis Großeltern wohnen einige Kilometer entfernt. Deshalb sehen sie Anni hauptsächlich zur Ferienzeit. Alle freuen sich riesig auf das große Wiedersehen. Auch Omas und Opas Dackel Xaver hüpft vor Freude um alle Beine und lässt seinen Schwanz noch wilder hin- und herwedeln. Xaver hat wunderschönes braun-schwarzes, glattes und dichtes Fell, dunkle treue Augen und eine schwarze feuchte Nase, mit der er Anni sofort anstupst und auffordert, ihm zu folgen. Nach der stürmischen Begrüßung rennen sie kreuz und quer durch den Garten, bis Anni völlig außer Atem ist.

Dann ruft Oma zum Abendbrot. Heimlich lässt Anni immer wieder eine Scheibe Salami unter den Tisch zu Xaver verschwinden, der sich auch ganz leise verhält, damit die beiden bei ihrer „Tat" nicht ertappt werden. Xaver ist nämlich kugelrund und eigentlich auf Hundediät. Zum Abschluss steckt Anni ihm sogar ein großes Stück Wurst zu, mit der er sofort aus dem Raum verschwindet, um sie heimlich zu verspeisen. Nach der gemütlichen Brotzeit zu fünft mit Wurst und Käse verabschieden sich Annis Eltern. Anni freut sich auf eine Woche ohne Mama und Papa, obwohl sie jetzt schon weiß, wie sehr sie beide auch vermissen und sich nach dieser Woche wieder auf Zuhause freuen wird.

Jetzt erst bemerkt Anni, wie müde sie ist, und begleitet Oma ins Ferienschlafzimmer. Oma hat es wieder gemütlich hergerichtet. Es warten auch schon einige Kuscheltiere im Bett. Ein großer Zottelbär, die gelbe Ente, die der Osterhase gebracht hatte, und der Elefant, den Anni beim letzten Ferienbesuch bei einer Losbude gewonnen hat. Jetzt noch umziehen, Zähneputzen und ab ins Bett. Da fällt Anni ein, dass sie unbedingt noch Xaver eine gute Nacht wünschen muss. Sie suchen in der ganzen Wohnung nach ihm. Doch leider ist er unauffindbar. Da Opa noch mal nach draußen gegangen ist, hat er ihn vielleicht mitgenommen.

Anni hüpft in ihr Ferienbett und macht es sich gemütlich. Oma singt ihr ein schönes Gute-Nacht-Lied und wünscht ihr süße Träume, bevor sie aus dem Zimmer geht. Anni liegt noch wach im Bett und denkt schon voller Vorfreude an die Ausflüge, welche sie mit Opa und Oma die nächsten Tage unternehmen wird.

Plötzlich raschelt es im Schrank. Anni hält die Luft an und lauscht. Was war das? Das Geräusch ist weg. Sie atmet tief durch und verliert sich wieder in ihren Gedanken an die kommenden Tage. Da ist es wieder. Das Rascheln war lauter und dauerte länger. „Was ist das?", überlegt Anni und zieht die Bettdecke bis unter ihre Nasenspitze. Peng, Rascheln, Peng. Im Schrank wird es immer turbulenter.

Jetzt wird es Anni unheimlich. Sie nimmt kurz die Bettdecke von ihrem Gesicht und ruft nach Oma. Es wird still im Schrank. Anni ruft noch mal lauter nach ihrer Oma, und kurz darauf schaut diese auch schon durch den Türspalt. Anni erzählt ihr von den unheimlichen Geräuschen aus dem Schrank. Oma zieht ihre Stirn in Denkerfalten und schlägt vor, gemeinsam im Schrank nachzuschauen. Immerhin sind sie ja zu zweit und beide voller Mut. Vorsichtshalber nimmt sie noch einen Regenschirm zur Verteidigung mit.

Gesagt, getan. Oma steht als Erste vor der Schranktür. Dicht gefolgt von Anni, die sich aber am Bein hinter der Oma in Deckung hält. Es herrscht Stille. Oma öffnet langsam die nur angelehnte Schranktür. Quietsch. Mit einem Satz springt Xaver aus dem Schrank und verschwindet in Windeseile und mit einem vergnügten Wau-Wau aus dem Zimmer. Schreck, lass nach! Oma und Anni atmen auf und fangen an zu lachen. Im Schrank sieht man noch kleine Wurstkrümel liegen, die aber nicht die einzigen Reste von heimlichen Speisen waren. Da liegen auch noch ein paar Knochen und ein zerrissener Pulli von Opa, den Oma schon länger vermisst. Oma lacht noch mal herzlich und nimmt Anni in den Arm. Das Schrankgespenst ist somit verjagt und Anni kann wieder zu Bett gehen. Nach dieser Aufregung kuschelt sie sich an die Stofftiere und mit einem tiefen zufriedenen Seufzer schläft sie ein. Was morgen wohl alles passieren wird? ◇✕◇

DIE BRÜDER STIEFEL

Früh am Morgen weckte sie die Oktobersonne. Sie blinzelte beim Küchenfenster herein und die ersten Strahlen fielen quer durch die Küche bis unter die Garderobe. Das war nur im Herbst so, wenn die Sonne schon einen flacheren Kurs nahm. Getrappel war in der ganzen Wohnung zu hören. „Wir machen eine Wanderung", hieß es. Alle speisten ausgiebig. Zuletzt wurden sie beide noch zurechtgemacht, mit einer Schleife oben dran, und dann ging es los.

Die Treppe hinunter, raus zur Tür, am Kiosk vorbei, über die Straße und dann zur Haltestelle der Straßenbahn. Ein paar schnelle Schritte waren nötig, denn die Straßenbahn wartete nicht. Die Tür ging auf, zwei Stufen hoch, dann standen sie nebeneinander in der ersten Sitzreihe. Sie beobachteten das Kommen und Gehen. Tür auf, Tür zu, wieder kamen Fahrgäste, andere gingen. Und alle waren paarweise. Es war interessant, zu beobachten. Beide waren sie doch schon einige Zeit nicht mehr fortgekommen. Neben ihnen sahen sie Turner und Hosenbeine, weit wie Zirkuszelte. Dann standen plötzlich zwei glänzend Braune vor ihnen, drehten sich herausfordernd zu ihnen herum. Verweilten kurze Zeit und marschierten wieder ab. „Was war das denn?", dachten sich die beiden.

So ging das weiter bis zur Haltestelle Hauptbahnhof. Schnell wieder raus aus der Straßenbahn, quer durch die Bahnhofshalle, zack, aua… da war ein erhöhter Deckel, nicht mehr weit bis zum Bahnsteig. Wieder ein paar schnelle Schritte, der Zug wartete ebenso wenig wie die Straßenbahn. Trapp, trapp, hoch die Stufen, und sie waren im Zug. Puh, geschafft! Auch hier standen sie nebeneinander in der Sitzreihe. Gegenüber waren ein paar Wanderer, ein Stock, ein Rucksack und… ein Dackel. Langsam kam die Hundenase näher, schnüffelte, zog sich aber höflich wieder zurück. Für einige Zeit geschah nur wenig. Fast wäre ihnen langweilig geworden. Dann war es aber so weit: Haltestelle „Starnberger See". Alles raus! Jetzt waren sie am Ziel. Die Wanderung würde mindestens sieben Stunden dauern. Das bedeutete Höchstleistung für die beiden.

Sie waren wie Zwillinge, möchte man sagen. Der eine war das Abbild des anderen. Genauer gesagt – das Spiegelbild. Dies betraf aber nur das Äußere. Innen waren sie verschieden geraten. Einer widerspenstig und hart, der andere gefügig und fast anschmiegsam. Auch sehr viel Zuwendung hätte den Widerspenstigen nicht annähernd so angenehm gemacht wie seinen

Bruder. Er verursachte einfach Druckstellen und nach längerem Tragen auch Blasen. Sein Name war Linker, linker Stiefel. Sein Bruder, Rechter, gab sich unten herum weich und oben bot er sicheren Halt für den Fuß. Beide aus naturreinem Leder innen und außen, geschnürt und oben drei Haken, zweifach genäht, mit einem Profil wie ein Traktorreifen. Sie waren beide als robust und widerstandsfähig ausgezeichnet gewesen.

Am Bahnhof überquerten sie die Straße. Dann passierte es: Achtung, eine Bordsteinkante, zack, aua! Das tat weh. „Füße anheben, mein Lieber! Warum trifft es immer mich?", jammerte Linker. Er hatte gerade einen harten Aufwärtshaken von einem Granitstein hinnehmen müssen. Da gab sich Rechter noch eine Spur weicher und angenehmer, um dem Fuß zu schmeicheln. Noch eine Kerbe in der Front von Linker. Aber das war ja nichts Neues mehr, denn die hatte schon einige Kerben. Rechter hingegen war ohne Makel. Auch der Absatz von linker Stiefel war zur Seite hin mehr abgenutzt als bei seinem Bruder.

„So kann das nicht weitergehen. Ich geh hier noch kaputt", dachte sich Linker. In diesem Moment fasste er einen Entschluss. Linker Stiefel nahm all seinen Mut zusammen, sagte zum Fuß: „Ich lass nicht länger auf mir herumtreten", und bog an der nächsten Ecke einfach ab. Er rief noch: „Tschüss Rechter, tschüss Fuß." Völlig verdutzt blieben Rechter und der nackte linke Fuß stehen. Linker Stiefel aber machte sich auf und davon.

Eilig schlürfte er über den Asphalt und atmete tief, bis in die letzte Ritze seines Innern. Der strenge Geruch machte sich auf die Socke. Die segelte nämlich in hohem Bogen durch die Luft, als Linker vom Fuß geschlüpft war und das Weite gesuchte hatte. Die Erde fiel aus dem Profil. „Linker ist verrückt", hatten die Erdklumpen noch gedacht und zerbröselten im selben Moment. Es durchflutete ihn ein Wohlgefühl, das bis unter die Einlage reichte. Linker war glücklich, endlich frei zu sein.

Kurz darauf fing es aber an zu regnen. Linker Stiefel lief voll Wasser, bis zum Schnürsenkel. Er hatte versäumt, sich rechtzeitig einen Unterschlupf zu suchen. Er irrte in den Gassen von Starnberg umher, voll Angst, entdeckt zu werden. Triefnass und schwer atmend kam er an einer Bushaltestelle an. Linker versteckte sich unter der Bank, wo es trocken war. Sein Abenteuer erschien ihm bald gar nicht mehr so lustig. Er hatte Angst. Der Regen hatte ihn weich und schwer werden lassen. Sogar ein

paar Falten traten hervor. „Das kommt nur von den Sorgen, die man hat, wenn man allein ist", dachte Linker.

Da brauste der Bus heran. Er hielt aber nicht, sondern fuhr gleich weiter. Wer steigt auch schon bei Regen aus dem Bus aus? Nur wer unbedingt muss. Der Busfahrer steuerte jedoch durch eine Pfütze, die sich vor der Haltestelle gebildet hatte. Eine riesige Welle schwappte über den Bordstein, rollte quer über den Platz vor der Haltestelle genau auf die Bank zu, unter der linker Stiefel Zuflucht gesucht hatte. Die Welle wirbelte ihn in eine Ecke unter der Bank, wo er benommen kopfüber liegen blieb.

Kurze Zeit später kam wieder ein Bus und brachte die beiden Braunen aus der Straßenbahn. Doch jetzt waren sie nicht mehr so glänzend. Der Regen hatte auch sie ziemlich mitgenommen. Falten und Ränder am Leder, schlaff hingen die Schnürsenkel herab. Knapp hinter den Braunen folgten die Turner unter ihren Zirkuszelten. Sie waren ebenfalls triefnass. „So trifft man sich wieder!"

Doch dann wurde es ernst für linker Stiefel. Eine feuchte Nase kam auf ihn zu. „Ist denn heute alles nass?", dachte sich Linker. Es war ein Hund, der neugierig an ihm schnüffelte. Linker dachte noch, der wird doch nicht… Zu spät. Schon schnappte der Hund nach linker Stiefel und biss und schleuderte ihn. Er wurde über die Wiese hinter der Bushaltestelle gezerrt. Die Turner und auch die Braunen blieben stehen. Der Hundebesitzer rief: „Kommst du zurück!" Er fügte noch hinzu: „Der will nur spielen." Das hörte linker Stiefel aber nicht mehr. Er wurde geschleudert, gebissen, und der feuchte, übel riechende Atem des Hundes drang in ihn. Es war schrecklich.

Arg lädiert und voller Sabber wurde linker Stiefel noch einmal hochgeschleudert und landete dann in einem Abfalleimer der Stadt. Die feuchte Nase war aber schon wieder da. Sie schnüffelte an dem Abfalleimer, in dem linker Stiefel lag, reichte aber nicht hinein. Das Gitter des Abfalleimers schützte Linker vor den Zähnen des Hundes. Jetzt hätte Linker dem Hund gern die Zunge herausgestreckt. Dazu fehlte ihm aber der Atem. „Erst einmal verschnaufen", dachte Linker und wollte gerade einen weiteren Atemzug machen, da landete ein halbvoller Becher mit Milchshake auf ihm. Der Inhalt ergoss sich über ihn und lief langsam an ihm herunter. Die klebrige Masse sickerte in ihn ein. Er konnte sich nicht drehen, denn er war eingeklemmt. Dann bekam er noch eine Bananenschale obendrauf. „So!", dachte er, „das war's. Jetzt braucht nur noch der Eimer geleert zu werden, dann bin ich am Ende meiner Reise."

So lag er dann da, verklebt, nass und müde. „Wie es wohl meinem Bruder geht?", dachte sich Linker. „Ob er wieder einen neuen Bruder bekommen hat?" Kaum hatte linker Stiefel den

Gedanken zu Ende gedacht, da wurde er von einem Passanten aus dem Mülleimer genommen. „Was die Leute so alles wegwerfen, das ist ja nicht zu glauben", murmelte der Passant. „Ein einzelner Schuh, was macht denn der in dem Abfalleimer?"

Der Passant nahm Linker mit nach Hause, wusch und trocknete ihn. Er hatte nämlich erst vor kurzem einen ganz ähnlichen Stiefel gefunden. Als er sie nebeneinanderhielt, sah er, dass sie wie Brüder waren. Nur war der linke Stiefel arg ramponiert. Aber sie hatten die gleiche Größe, waren von gleicher Machart, und der Mann kam zu dem Schluss, dass die beiden zusammengehörten. Er nannte sie übrigens rechter und linker Stiefel.

Jetzt stehen die Brüder auf einem Stuhl im Garten unter einer schönen Linde. Oben schauen Geranien heraus und beide grinsen zufrieden in die Abendsonne. Wenn es ganz leise ist und man nah genug herangeht, kann man sie reden hören. Linker Stiefel hat ja so viel zu erzählen. Manchmal kichern sie sogar, dass die Blüten der Geranien wackeln. ◇✕◇

Helga Baudrexel aus Augsburg

DER GEHEIMNISVOLLE KARFUNKELSTEIN

Schon der Urgroßvater erzählte: Von unserem Balkon aus sieht man den Säuling. Das ist ein großer Berg mit zwei Kuppen. Auf der höheren Kuppe kann man bei klarem Wetter das Gipfelkreuz erkennen. Dazwischen liegt ein Tal mit einer schönen Blumenwiese und einem Bächlein. Hinter Latschengehölz und den breiten Blättern des gelben Enzians versteckt sich eine kleine Höhle. Der Zugang ist mit alten, grauen Brettern versperrt und hat nur ein einziges Eingangstürlein, wie bei einer Hundehütte. Das Pförtchen ist fest verschlossen. Um anzuklopfen, müsste man unter einem dornigen Rosenbusch durchkriechen.

Ein alter Bauer aus dem Dorf Schwangau am Fuß des Berges hat in der Gegend einmal eine davongelaufene Kuh gesucht. Als er sich auf der Wiese umsah, erblickte er das Türchen. Es war offen und zwei winzige Männlein saßen davor in der Sonne. Sie hatten braune Lederhosen an, dazu weiße Strümpfe, schwarze Stiefelchen und graue Wolljäckchen. Auf dem Kopf trugen sie spitze graue Filzhütchen mit breiter Krempe. Der Bauer wollte „Grüß Gott" sagen, doch bevor er die Lippen bewegte, waren die Männlein verschwunden. Auch das Pförtchen sah er nicht mehr. Er stand vor einem dichten Dornbusch, an dem viele rosa Heckenrosen dufteten. Ganz in der Nähe sah er friedlich seine Kuh weiden. Er nahm sie am Glockenband und führte sie heimwärts.

Im Dorf erzählte er die Geschichte von den Männlein. Niemand glaubte ihm. „Du bist da oben eingeschlafen und hast

geträumt", sagte seine Frau. Die Enkelkinder und ihre Freunde lachten ihn aus: „Geister, Kobolde und so Männlein gibt es gar nicht!" Allmählich wurde die Geschichte in Schwangau vergessen. Die Kinder wurden größer und der kleine Seppi, der Enkel des Bauern, wuchs zu einem großen, starken Burschen heran. Am Sonntag ging er in Lederhosen, weißem Hemd und grauer Trachtenjacke zur Kirche und sein Opa meinte manchmal: Du bräuchtest nur einen spitzen Hut mit breiter Krempe und würdest aussehen wie damals die Männlein am Säuling." Seppi grinste: „Na ja!"

Abends im Bett dachte er darüber nach, ob er der Geschichte mit den Männlein nicht doch nachgehen sollte. Er beschloss, einfach einmal auf den Säuling zu steigen. An einem Samstag machte er sich früh um fünf Uhr auf den Weg. Im Rucksack hatte er Tee, Schinkenbrote, Äpfel, zwei Tafeln Schokolade –

und für alle Fälle eine kleine Säge und ein kleines Beil. Mit seinen schweren Bergstiefeln stapfte er los, an Neuschwanstein vorbei durch den Bergwald. Der Weg wurde immer steiniger und steiler, die Felswände immer bedrohlicher.

Als er langsam um einen großen Felsvorsprung herumging, stand er plötzlich auf der schönen Blumenwiese, von der sein Großvater erzählt hatte. Da war auch der Rosenbusch! Sah er

dahinter nicht eine graue Bretterwand? Er schob das Dornen-
gestrüpp zur Seite und siehe da, ein kleines Eingangstürchen
kam zum Vorschein. Seppi klopfte und pumperte. Nichts rührte sich. Plötzlich schnarrte eine tiefe Stimme: „Wer ist da?" „Ich
bin es, der Sepp aus Schwangau! Ich möchte einmal die Säulingmännlein sehen!" „Du bist zu groß, du passt nicht zu uns!"
„Ich hacke halt die Bretterwand auf, dann geht's", rief Sepp und
hieb mit seinem Beil drauflos. Doch was war das? Er hielt nur
noch den Griff in der Hand. Die Schneide hatte sich in Pappe
verwandelt und lag auf dem Boden. Mit der Säge erging es ihm
genauso.

Es wurde Seppi ganz kalt und er erschauderte. Es gruselte ihn.
Hinter dem Türchen kicherte jemand. Die Schnarrstimme rief:
„Wenn du uns deine Brotzeit gibst, darfst du kurz hereinschau-
en." „Ihr könnt gern alles haben", versicherte Seppi kleinlaut.
Und siehe da: Das Pförtchen öffnete sich. Sepp legte sich auf
den Bauch, schob den Rucksack vor sich her und robbte hin-
durch. Zuerst war es stockdunkel. Nach ein paar Krabbelzügen
traute sich Sepp, über den Rucksack zu blinzeln. Glimmerte da
nicht ein Licht vor ihm? Er schob sich bäuchlings darauf zu.
Der schmale Gang erweiterte sich zu einer großen Höhle. In
der Mitte, auf einem kleinen Tischchen, lag etwas, das wunderbar leuchtete. Es schimmerte rot, violett, orange, bläulich und
tauchte die Felswände in wundersames Licht. Fast unhörbar
fragte er: „Was ist das?" Ein Männlein flüsterte feierlich: „Das

ist der Karfunkelstein! Wir Wichtelmänner bewachen ihn. Es ist ein Zauberstein. Er leuchtet, er macht die Höhle warm, er heilt uns, wenn wir krank sind und noch vieles mehr." Die anderen Männlein hatten sich inzwischen über Sepps Brotzeit hergemacht und verzehrten mit viel Geschrei und Lachen die feinen Sachen.

Seppi musste unentwegt zum Karfunkelstein schauen. Ob er ihn berühren dürfte? Schon streckte er den rechten Zeigefinger aus, als ein Männlein aufgeregt schrie: „Nein, fass ihn nicht an, sonst geschieht dir etwas!" Sepp steckte die Hand in die Hosentasche. Aber als alle Männlein wieder recht fröhlich schmausten, zog er blitzschnell die Hand wieder heraus und tippte mit einer Fingerspitze an den Karfunkelstein. Er spürte ein Kribbeln und Ziehen, es ruckte und zuckte in seinem Körper und es wurde ihm schwindelig. Plötzlich saßen die kleinen Wichtelmänner starr und lautlos auf ihren kleinen Stühlen. Die Schnarrstimme sagte: „Jetzt bist du einer von uns. Klein und runzelig und musst wie wir den Karfunkelstein bewachen." Es war, als ob der funkelnde Stein den Seppi besonders geheimnisvoll anstrahlte. Als er wieder denken konnte, merkte er, dass er nicht so neugierig hätte sein dürfen. Würde er jemals seine Eltern und den Großvater wiedersehen?

Als Seppi nach zwei Tagen immer noch nicht nach Hause kam, verständigten die Eltern und der Großvater die Polizei. Jegliche Suche war umsonst. Keine Spur vom verschwundenen Sepp. Nur ein Schäferhund bohrte dauernd seine Nase in einen Heckenrosenbusch auf der Säulingwiese. Die Mami war sehr traurig. Sie ging am Ufer des Forggensees spazieren und dachte an ihren Seppi, der so gerne angeschwemmte Holzprügel und Wurzeln, auch alte Joghurtbecher und Plastiktüten gesammelt hatte. Sie wollte gerade die steile Treppe zum Friedhof hinaufsteigen, da hörte sie über sich Flügelschlagen und Gekrächze. Ein Rabe schwebte über ihr und segelte auf den See zu, als wollte er sagen: „Komm mit!"

Sie ging auf den Steg und neben ihr platschte eine kleine, blaue Brotzeitdose in den See. Sie angelte mit beiden Händen danach und als sie die Dose festhielt, kam sie ihr irgendwie bekannt vor. Der Rabe, der sich auf eine Segelbootstange gesetzt hatte, krächzte zufrieden und erhob sich wieder in die Lüfte. Seppis Mutter öffnete den Deckel. Ein Stück Papier lag darin. Sie nahm es heraus, faltete es auseinander und hätte es vor Schreck beinahe fallen lassen. Die Schrift auf dem Zettel war Seppis Schrift. Sie las: „Liebe Mama, es muss ganz schnell gehen, die Männlein und ihr kleiner Basilisk passen dauernd auf mich auf. Der

Karfunkelstein im Berg hat mich in einen Wichtel verwandelt. Der brave Rabe will mir helfen, also höre: Backe zwei große Marmorkuchen, stricke mir eine rote Zipfelmütze und packe alles zusammen mit einer Flasche Himbeergeist in einen Rucksack. Steige zur Säulingwiese hinauf, lege den Rucksack vor den Rosenbusch und verstecke dich hinter dem Felsvorsprung am Ende der Wiese. Hoffentlich kann der gute Rabe dir diese Nachricht bringen, Dein Seppiwichtel!"

Die Mami hüpfte vor Freude und rannte nach Hause. Die blaue Brotzeitdose legte sie aufs Küchenbüffet und suchte sofort nach roter Strickwolle für die Zipfelmütze. Im Backbuch fand sie ein feines Rezept für Marmorkuchen und im Wohnzimmerschrank eine Flasche Himbeergeist. Papa musste vom Speicher einen passenden Rucksack herunterholen. Den ganzen Abend strickte Mami an der roten Zipfelmütze, während Oma zwei wunderbare Marmorkuchen backte.

Früh am nächsten Morgen zog Mama die festen Wanderstiefel an, schlüpfte in die Schulterriemen des vollgepackten Rucksacks und marschierte los. Als sie zur Marienbrücke beim Schloss

Neuschwanstein kam, ging gerade die Sonne auf und strahlte auf den Wegweiser: Säuling, 3 Stunden. Durch ein dunkles Tannenwäldchen gelangte sie bald in felsiges Gelände, rundherum blühten Alpenrosen. Sie stapfte um einen rauen Felsvorsprung und da lag sie vor ihr, die kleine Blumenwiese am Säuling mit dem dichten Rosenbusch voller rosa Blüten. Es war unheimlich still. Nicht einmal Bienen summten. Kein Lüftchen regte sich. Seppis Mutter überlegte nicht lange, schob den Rucksack unter das Dornengebüsch und schritt vorsichtig über die Wiese zum Felsvorsprung zurück. Oben saß lautlos der Rabe. Sie versteckte sich hinter riesigen Steinbrocken. Von der Wiese aus konnte niemand sie sehen.

Hinter dem Rosenbusch raschelte es. Das Törchen knarzte ein wenig beim Öffnen. Ein grüner Kopf mit roten Augen, spitzen Ohren und einem Krokodilsmaul kam zum Vorschein. Die Augen rollten rund herum, die schwarze Schnauze schnüffelte misstrauisch, nun schob sich ein grün-braun gesprenkelter Eidechsenkörper aus dem Törchen. Die Beine des Tieres tasteten sich vorsichtig durch das Gestrüpp. Es war der kleine Basilisk, der auf den Karfunkelstein aufpasste, wenn die Männlein einmal nicht da waren. Er schnüffelte und schnüffelte, hob den Kopf. Der Duft des feinen Marmorkuchens stieg ihm in die Nase. Mit seinem langen Schweif, der auf dem Rücken einen gezackten Kamm trug, schlug er dreimal auf den Bretterverschlag. Die Säulingmännlein schlüpften nacheinander aus dem

Türchen. Der Basilisk deutete mit seinem langgestreckten Kopf in die Richtung des Rucksacks. Rasch zerrten kleine Wichtelarme den Rucksack aus dem Gestrüpp und öffneten den Lederriemen und die Rucksackschnur. Mühsam zogen sie die Kuchenschachteln und die Flasche Himbeergeist heraus. Die rote Strickmütze beachteten sie nicht. Als sie die Kuchen ausgepackt hatten, fassten sie sich vor Freude an den Händen, tanzten um sie herum und sangen ihr Lieblingslied:

„Wichtel im Berge,
wie die sieben Zwerge,
bewachen den Karfunkelstein,
lassen niemand zu ihm rein!"

Dem Basiliskchen tropfte vor Gier schon der Speichel aus dem Maul und er schnappte sich gleich einen halben Kuchen auf einmal. Die Männlein schnabulierten, bekamen Durst und die Flasche mit dem Himbeergeist machte die Runde. „Das schmeckt schon viel besser als die ewige Moossuppe mit Schne-

ckenschwänzen", seufzte ein Wichtel. Der Wichtel Sepp trank nur zum Schein aus der Flasche. Er kannte das Getränk. Der Geist aus der Flasche begann bei den anderen Wichteln zu wirken. Auch Basiliskchen gähnte: „Ich mache jetzt meinen Mittagsschlaf." Die Wichtel kicherten und scherzten. Doch einer nach dem anderen wankte und schwankte zum Türchen, um sich auszuruhen. Einer aber blieb draußen, der Seppi. Vorsichtig trippelte er zum Rucksack und zog sich die rote Zipfelmütze über den Kopf. Sie war das Erkennungszeichen für seine Mami.

Plötzlich reckte und streckte sich etwas in seinem Körper, er dehnte und spannte sich, die Stiefelchen wurden zu klein und am Wichtelgewand platzten alle Nähte. Er pirschte vorsichtig über die Wiese zum Felsengeröll hin. Da kam schon die Mami aus dem Versteck und schloss ihren lieben Seppi in die Arme. Vorsichtshalber hatte sie passende Kleider mitgebracht und Seppi hat sich noch nie in seinem Leben so wohl und dankbar gefühlt. Wohlbehalten kamen sie zu Hause an. Würde er jemals wieder auf den Säuling steigen? ◇✕◇

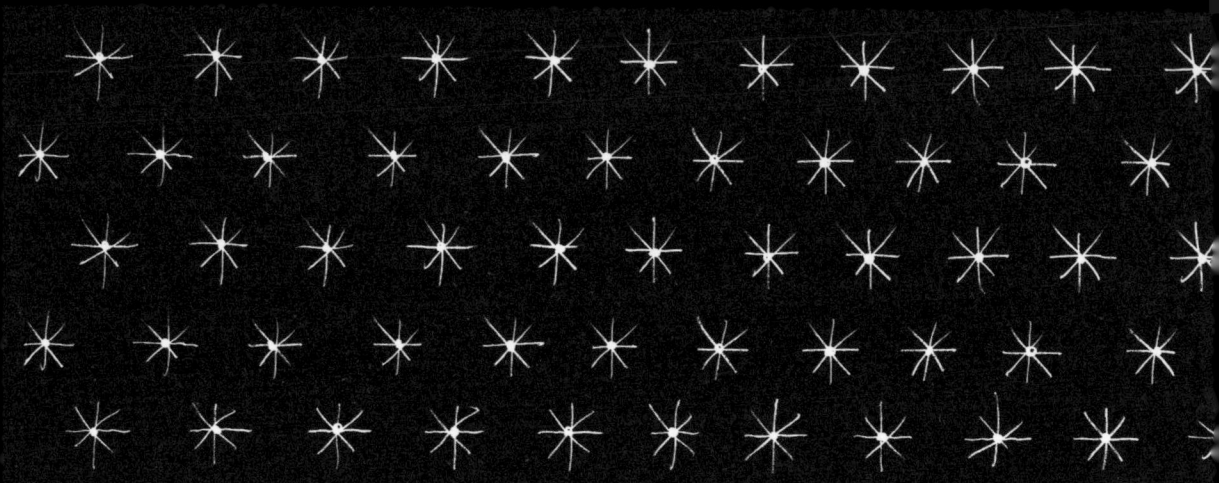

DANKE

* Wir bedanken uns bei allen Lesern, die bisher bei der Capito-Serie mitgemacht und uns ihre lustigen, traurigen, lehrreichen, abenteuerlichen, spannenden, märchenhaften, himmlischen, tierischen oder fantastischen Geschichten aufgeschrieben haben. Nur so wurde dieser für unsere Region einzigartige Sammelband möglich.

* Wir bedanken uns bei den Vorlesern, die diese fantasievollen Geschichten in die Kinderzimmer tragen werden.

* Wir bedanken uns auch bei den vielen Lesern, die sich so sehr über die schönen Geschichten auf der Capito-Seite gefreut haben, dass sie zum Telefonhörer griffen und uns ermutigten, ein Buch daraus zu machen.

Wir bedanken uns außerdem bei der Kinder- und Jugendbuchabteilung der Stadtbücherei Augsburg, die uns bei den Altersempfehlungen unterstützt hat. Jedes Kind ist unterschiedlich und hat einen anderen Geschichtengeschmack. Die Altersempfehlungen sollen nur eine kleine Orientierungshilfe für die Vorleser sein.

Und natürlich bedanken wir uns auch ganz besonders bei allen Kindern, denn ohne sie würde es weder die Capito-Seite noch dieses Buch geben.

IMPRESSUM

VERLAG
© 2013 Presse-Druck- und Verlags-GmbH
Curt-Frenzel-Str. 2, 86167 Augsburg
www.presse-druck.de

REDAKTION
Lea Thies

PRODUKTMANAGEMENT
Andreas Schmutterer (Ltg.)
Stella Bartky

ILLUSTRATIONEN
Andreas Sauerlacher, Augsburg

LAYOUT UND SATZ
Sonja Löffler,
Medienzentrum Augsburg GmbH

DRUCK UND PRODUKTION
AZ Druck und Datentechnik GmbH
Heisinger Str. 16, 87437 Kempten

AUFLAGE / JAHR
1. Auflage 2013

ISBN
978-3-9815374-9-9

GUTE NACHT...